Latin pour débutants

Dans la série Mémo
(extrait)

Conjugaison française, Librio n° 470
Grammaire française, Librio n° 534
Orthographe française, Librio n° 596
Difficultés du français, Librio n° 642
Le français est un jeu, Librio n° 672
Figures de style, Librio n° 710
Le Mot juste, Librio n° 772
Apprendre à apprendre, Librio n° 831
Grand Librio – Langue française, Librio n° 835
Le théâtre est un jeu, Librio n° 880
Le bac de français est un jeu, Librio n° 897
Le Dico du français, Librio n° 921
Grand Librio – Expression française, Librio n° 832
Le Dico des symboles, Librio n° 998
Apprendre à prendre des notes, Librio n° 999
Le Grand Vrai/Faux de la culture générale, Librio n° 1002
Apprendre à réviser, Librio n° 1004
Les Copies idéales du bac philo, Librio n° 1005
Comment réussir son bac de philo, Librio n° 1006
Apprendre à rédiger, Librio n° 1012
Comment réussir son bac de français, Librio n° 1016
Les Dix Philosophes incontournables du bac, Librio n° 1019
L'opéra est un jeu, Librio n° 1068
Le latin est un jeu, Librio n° 1069

Busalah
Maëva

Micheline Moreau-Rouault

Latin pour débutants

Librio

Inédit

Sommaire

Avant-propos

Cet ouvrage se propose de présenter à de jeunes – ou toujours jeunes – débutants les principes fondamentaux de cette langue ancienne qu'est le latin. À partir d'un court texte d'étude d'auteurs – ou adapté d'auteurs – traduit, le plus souvent littéralement mais, parfois, de façon plus littéraire, sont traités des points essentiels de grammaire.

Il peut également rappeler aux nostalgiques de leurs études classiques quelques « bons vieux souvenirs » qui ne demandent qu'à être « réactivés ».

La rubrique « Vocabulaire » devrait permettre de convaincre les plus sceptiques de l'utilité du latin et de sa pérennité. Afin que la filiation apparaisse plus nettement entre les racines latines et françaises, nous les avons notées en gras.

Chaque chapitre comporte des éléments de civilisation succincts mais qui devraient susciter l'envie d'aller vers une plus ample découverte à travers de plus copieux ouvrages cités dans la bibliographie.

Quelques exercices d'entraînement, application directe des règles étudiées dans chaque leçon, proposent de vérifier les acquis. Les solutions figurent à la fin de l'ouvrage mais soyez « beau joueur », ne les consultez qu'après avoir sérieusement réfléchi et suivi les conseils donnés !

Les annexes présentent des tableaux synthétiques des déclinaisons et des conjugaisons.

Bon voyage au temps de Jules César et de tous ceux qu'après lui on a surnommés « Caesar », ce qui signifie « empereur ». Levons, à ce propos, l'erreur communément répandue : Jules César n'a jamais été empereur !

I

Particularités du latin

Avant d'entreprendre l'étude de cette langue ancienne, il est indispensable d'en connaître les particularités, notamment les notions de déclinaison et le système verbal.

La prononciation

Elle est **phonétique** : chaque lettre se prononce et représente **un son distinct**, même en finale, et **toujours le même.**

a, o, i sont identiques en français et en latin.

Les différences sont les suivantes :

<u>Voyelles</u>	e : [é] comme été	*habere* (habéré)
	u : [ou] comme chou	*solus* (solouss)
	y : [u] comme vu	*sylla* (sulla)
<u>Semi-consonnes</u>	j : [y] comme yeux	*jam* (yam)
	v : [w] comme ouate	*virginis* (ouirguiniss)
<u>Consonnes</u>	c et g : toujours durs (comme coût et goût)	*civis* (kiouiss) *gero* (guéro)
	m et n ne nasalisent pas la voyelle précédente	*inter* (inntèr)

	le groupe gn : chaque lettre se prononce distinctement	*magnus* (mag-nouss)
	s est doux (ç)	*rosa* (rossa)
	h est légèrement expiré	hostis ([h]ostiss)
Diphtongues	Chacune des deux lettres qui la composent se prononce au (aou), eu (éou), ae (aé), oe (oé)	*haud* (aoudd)

Remarque :

-tio se prononce -ti-o, ex. : *natio* (nati-o).

L'accentuation

Il n'y a **pas d'accent d'orthographe.** Il s'agit d'**accent tonique**, c'est-à-dire d'un accent d'intensité comme dans beaucoup de langues romanes telles que l'italien ou l'espagnol.

L'ordre des mots : la notion de cas et de déclinaison

Considérons la proposition suivante :

Paul aime Flavie.

La réciproque :

Flavie aime Paul

n'est – malheureusement – pas obligatoire ! Ce qui prouve qu'en français l'ordre des mots n'est pas indifférent.

Traduisons maintenant ces deux propositions en latin :

Paulus amat Flaviam.

Flavia amat Paulum.

On sait que leur amour est réciproque car si l'on observe bien les terminaisons – ou désinences – des noms propres, on constate qu'elles changent selon leur fonction.

Ainsi, dans la première proposition, Paulus, sujet, se termine par la désinence -us, alors que Paulum, c.o.d., se termine par -um, dans la deuxième proposition. Ces désinences différentes correspondant à des fonctions différentes du mot dans la phrase s'appellent des **cas**.

▲ *En latin, l'ordre des mots n'a donc pas d'importance pour comprendre une phrase.*

Ce sont les **cas** – donc les fonctions – qu'il faut bien repérer !

Il y a six cas, à citer obligatoirement dans l'ordre suivant, correspondant à six fonctions principales du mot :

Nominatif : exprime	la fonction sujet et attribut du sujet
Vocatif :	nom mis en apostrophe (façon d'interpeller)
Accusatif :	c.o.d. ou attribut du c.o.d.
Génitif :	complément du nom
Datif :	c.o.i. ou c.o.s.
Ablatif :	la plupart des compléments circonstanciels

• Petit moyen mnémotechnique pour retenir cet ordre : prenez l'initiale de chaque cas et formez la phrase : « **N**ous **V**oulons **A**voir **G**énéralement **D**es **A**mis. »

L'ensemble de ces six cas constitue une **déclinaison**.

Il y en a **six** en latin. Chacune est identifiable grâce à la désinence de son génitif singulier.

La place des mots dans la phrase latine est le plus souvent celle-ci (mais tout comme en français, elle est sujette à de nombreuses variations, selon les auteurs ou la mise en valeur de certains mots ou groupes de mots) :

– le verbe est rejeté en fin de proposition (sauf l'impératif et le verbe : « être » qui, en tête de phrase, signifie : « il y a » et s'accorde avec le sujet réel) ;

– le sujet se situe en tête de phrase ;

– l'adjectif qualificatif épithète précède le nom, attribut

il le suit. Les autres adjectifs (de nationalité, possessifs se placent après le nom mais les démonstratifs, avant lui) ;

– le complément du nom se place à gauche du nom complété ;

– les compléments circonstanciels, les plus mobiles, se placent en fonction de leur importance dans le texte.

Il n'y a pas d'article en latin.

Le verbe latin

On classe les verbes non pas en groupes, selon leur infinitif comme en français, mais en **conjugaisons.**

Il y en a **quatre**, en réalité cinq, la 3e conjugaison se subdivisant en deux. On identifie ces conjugaisons grâce **aux temps primitifs** du verbe. Ceux-ci correspondent dans l'ordre obligatoire à :

- la 1re personne du singulier de l'indicatif présent ;
- la 2e personne du singulier de l'indicatif présent ;
- l'infinitif présent ;
- la 1re personne du singulier de l'indicatif parfait (c'est-à-dire l'équivalent à lui seul des trois temps français : passé simple, passé composé et passé antérieur) ;
- au supin (utilisé essentiellement pour la formation des noms en français et du participe parfait passif en latin).

Les **trois premiers temps** primitifs sont **indispensables** pour identifier sans erreur possible la conjugaison à laquelle appartient le verbe. Ils sont **indiqués** simplement **par leurs désinences** pour les **deuxième et troisième temps**, et sous leur **forme complète** (sauf pour la 1re conjugaison qui est régulière) pour le **parfait et le supin**, ceux-ci présentant des radicaux parfois très différents de ceux du présent !

Amo, as, are, *avi, atum* : aimer (lire : *amo, amas, amare, amavi, amatum*)	**1re conjugaison**
Deleo, es, ere, *delevi, etum* : détruire (*deleo, deles, delere, delevi, deletum*)	**2e conjugaison**
Lego, is, ere, *legi, lectum* : lire (*lego, legis, legere, legi, lectum*)	**3e conjugaison**
Capio, is, ere, *cepi, captum* : prendre (*capio, capis, capere, cepi, captum*)	**3e conjugaison mixte**
Audio, is, ere, *audivi / audii, auditum* : entendre (*audio, audis, audire, audivi / audii, auditum*)	**4e conjugaison**

Les **trois premières formes** reposent sur le radical de **l'infectum** (fait non accompli) et servent à former :

Présent de l'indicatif	Imparfait de l'indicatif	Futur de l'indicatif
Présent du subjonctif	Imparfait du subjonctif	Futur de l'impératif
Présent de l'impératif		
Présent de l'infinitif		
Présent du participe		

La **quatrième** donne le radical du **perfectum** : fait accompli, et sert à former :

Parfait, plus-que-parfait et futur antérieur de l'indicatif
Parfait et plus-que-parfait du subjonctif
Parfait de l'infinitif

La **cinquième**, le **supin**, sert essentiellement à former les temps du perfectum passif et les noms français.

II

« Audentes fortuna juvat[1]. »
VIRGILE

1re déclinaison : *Rosa, æ*, f. : la rose
Indicatif présent de *sum, es, esse* : être et de ses composés
Indicatif présent actif et passif de la 1re conjugaison *amo, as, are* : aimer

TEXTE D'ÉTUDE
Souffrance de l'exil

Cicéron, (Marcus Tullius Cicero) (106-43 av. J.-C.), l'illustre orateur et écrivain romain, condamné à l'exil, accepte l'hospitalité d'un ami mais souffre cruellement d'être loin des siens :

*Marci Lænii Flacci hospes **sum**[2]. Lænius, optimus vir, legis **pœnam** neglegit et **amicitiæ** legem **servat. Terentiam**, uxorem **meam, desidero**; sed quid **Tulliola mea** fiet? Filius meus quid aget? **Non possum** plura scribere; impedit mœror.*

1. « La fortune sourit aux audacieux. »
2. Les mots en caractères gras dans la traduction française correspondent aux mots en caractères gras dans le texte latin.

TRADUCTION

«Je **suis** l'hôte de Marcus Lænius Flaccus. Lænius, excellent homme, ne tient pas compte de la **sanction** de la loi et **il respecte** la loi de l'**amitié. Je regrette** l'absence de **Terentia, ma chère** épouse; mais que va devenir ma **petite Tullia**? Que va faire mon fils? **Je ne peux** écrire davantage; le chagrin m'en empêche.»

Observations

■ *Pœn**am***, amiciti**æ**, Terenti**am**, Tulliol**a** sont des noms.
*Me**am***, me**a** sont des adjectifs possessifs.

Ils ont tous un point commun: la présence d'un «a» suivi parfois d'une autre lettre.

À partir de ce «a» commence la désinence du mot **caractéristique de la 1re déclinaison.** Cette désinence, qui s'accroche au radical fixe du nom ou de l'adjectif, varie selon les différentes fonctions du mot, *cf.* «Particularités du latin».

■ ***Sum,*** «je suis», et l'un de ses composés, ***possum,*** «je peux», ont la même désinence: **-m,** alors que ***desidero***, «je regrette», présente, à la même personne, la désinence: **-o**; ***servat***, «il respecte», est à la 3e pers. du sing., désinence: **-t.**

Remarque:

Les pronoms personnels sujets ne sont utilisés, en latin, qu'avec une valeur d'insistance. La désinence permet, à elle seule, d'identifier la personne, la conjugaison, le temps, le mode et la voix du verbe.

Leçon

1) 1re déclinaison: *rosa, æ,* f. (la rose). On cite toujours un nom latin par son nominatif singulier suivi de la désinence du génitif sing. et du genre.

	SINGULIER	PLURIEL
Nominatif	*Ros-**a***	*Ros-**æ***
Vocatif	*Ros-**a***	*Ros-**æ***

	SINGULIER	PLURIEL
Accusatif	*Ros-**am***	*Ros-**as***
Génitif	*Ros-**æ***	*Ros-**arum***
Datif	*Ros-**æ***	*Ros-**is***
Ablatif	*Ros-**a***	*Ros-**is***

N.B. : les lettres notées derrière le tiret (-) sont des **désinences,** donc des éléments **mobiles** et variables, selon les cas pour les noms, adjectifs ou pronoms (et selon les personnes, temps, modes et voix pour les verbes). Ce qui précède ce tiret s'appelle **radical du mot**. Il est **fixe.**

2) Indicatif présent de *sum, es, esse* : être

On cite un verbe latin par ses temps primitifs (*cf.* « Particularités du latin : le verbe latin »). Nous n'indiquerons, au début, que les trois premiers, suffisants, rappelons-le, pour identifier la conjugaison du verbe.

*S**um***	je suis
Es	tu es
Est	il/elle est
*S**umus***	nous sommes
*Es**tis***	vous êtes
*S**unt***	ils/elles sont

Sur le modèle de *sum* vont se conjuguer ses composés, ainsi appelés car ils se composent d'un **préverbe**/préfixe **invariable** et de *sum*. Voici les principaux :

***Ad**sum, ades, adesse*	je suis présent, j'assiste à
***Ab**sum, abes, abesse*	je suis absent, je suis loin de
***De**sum, dees, deesse*	je fais défaut à, je manque à
***Ob**sum, obes, obesse*	je nuis à, je **fais obstacle à**
***Præ**sum, præes, præesse*	je commande à, je préside à

Deux composés de *sum* présentent une petite particularité de conjugaison :

Possum, potes, posse : je peux et ***pro**sum*, *prodes*, *prodesse* : je suis utile à, je suis **pro**fitable à.

Ces deux verbes ont, en effet, **deux** formes possibles du préverbe :

Pos- ou *pot-* selon que le verbe *sum* commence par un « s » ou une voyelle :

Ex. : ***pos-**sumus* : nous pouvons / ***pot-**estis* : vous pouvez

Pro- ou prod- selon que le verbe *sum* commence par un « s » ou une voyelle :

Ex. : ***pro**sumus* : nous sommes utiles à / ***prod**estis* : vous êtes utiles à

3) Indicatif présent de la 1re conjugaison : *amo, as, are* (aimer)

ACTIF	PASSIF
Am ***-o*** (<* ama-o en indo-européen) : j'aime (*cf.* Remarques)	*Am-**or*** : je suis aimé(e)
*Ama-**s*** : tu aimes	*Ama-**ris*** : tu es aimé(e)
*Ama-**t*** : il / elle aime	*Ama-**tur*** : il/elle est aimé(e)
*Ama-**mus*** : nous aimons	*Ama-**mur*** : nous sommes aimé(e)s
*Ama-**tis*** : vous aimez	*Ama-**mini*** : vous êtes aimé(e)s
*Ama-**nt*** : ils / elles aiment	*Ama-**ntur*** : ils/elles sont aimé(e)s

Remarques :

■ On est souvent obligé, pour expliquer la formation des mots latins, de recourir à l'indo-européen. Chaque fois que cela sera le cas, la forme étudiée sera précédée du signe « < », qui signifie « vient de », suivi de l'astérisque*.

■ On constate que les verbes de la 1re conjugaison se caractérisent par leur radical terminé en -a, qui apparaît à la 2e personne du singulier et à l'infinitif présent. Pour obtenir le radical d'un verbe, on ôte le suffixe -re de l'infinitif :

Ex. : *amare* (aimer), radical : ama-

■ Passer de la voix active à la voix passive est infiniment plus simple qu'en français, il suffit en effet de remplacer les désinences actives : **-o/m, -s, -t, -mus, -tis, -nt** par les désinences passives : **-or/-r, -ris, -tur, -mur, -mini, -ntur.**

Chaque fois que l'on trouvera, dans un dictionnaire, un verbe dont l'infinitif sera en : -are, on saura qu'il se conjugue sur le modèle type : *amo, as, are* et il suffira d'ajouter la désinence voulue.

Vocabulaire

Voici quelques noms courants se déclinant sur *rosa, æ,* f. ; ils sont tous **féminins**, comme l'ensemble des noms de cette déclinaison, à l'exception des noms désignant des **métiers d'hommes**, des **noms propres d'hommes** et de **fleuves**.

Derrière certains mots de vocabulaire, on trouvera le signe « > » signifiant « a donné » en français :

Ancil_la, æ_ : la servante > **ancil**laire

Ara, æ : l'autel

Domina, æ : la maîtresse de maison > (pré)**domin**er, **domin**ateur, **domin**ation, (pré)**domin**ant

Fabula, æ : la fable, la légende, l'histoire > (af)**fabul**er, (af)**fabul**ateur, (af)**fabul**ation, **fabul**iste, **fabul**eux

Filia, æ : la fille > **fili**al, **fili**ation, **fili**ère, af**fili**er, af**fili**ation

Filiola, æ : la petite fille

Pœna, æ : la peine, le châtiment > **pénal**, **pénal**ité, **pénal**iser, **pénal**isation, **pénal**ement, **penal**ty

Puella, æ : la jeune fille

Statua, æ : la statue > **statu**aire, **statu**fier

▲ *Les noms suivants sont masculins :*

Athleta, æ : l'athlète

Catilina, æ : Catilina

Nauta, æ : le marin > **nauti**que, astro**naute**, cosmo**naute**, inter**naute**

Numa, æ : Numa

Poeta, æ : le poète

Scriba, æ : le scribe

Sequana, æ : la Seine > **Séquanais**

Quelques verbes se conjuguant sur *amo, as, are* :

Do, das, dare : donner

Monstro, *as, are* : montrer > dé**monstr**ation, dé**monstra**tif

Orno, as, are : orner > **orn**ement, **orn**emental, **orn**ementation

Servo, as, are : observer, respecter > ob**serva**teur, ob**serva**tion

Specto, as, are : regarder > in**specte**r, **specta**cle, **specta**culaire

Civilisation : les noms romains

Le texte d'étude débute par trois noms propres au génitif singulier (car ils sont compléments du nom) de mots appartenant à la 2e déclinaison (étudiée dans le chapitre suivant). Au nom. sing., cela donne : Marcus Lænius Flaccus.

À quoi correspondent ces trois noms ?

Marcus est le ***Prænomen*** : le prénom, il est suivi de **Lænius,** le ***Nomen*** : nom de famille, terminé en -ius et appelé aussi *gentilicium* (de *gens, gentis* : la famille) suivi, à son tour, de **Flaccus**, le ***Cognomen***, c'est-à-dire le surnom.

Les hommes ont un prénom et un nom dont la désinence est -us/ius.

Les filles et les femmes n'ont pas de prénom. Elles portent le nom de leur père ou de leur époux avec la désinence masculine féminisée en -ia.

En raison du faible nombre des prénoms (à peine une vingtaine !) et des noms, pour se distinguer, femmes et hommes portent souvent un surnom se référant à une particularité physique, morale, géographique ou faisant allusion à une victoire militaire (c'est par leur surnom que seront souvent connus les hommes célèbres).

Ex. : *Cicero* vient de *cicer*, le pois chiche, auquel était comparée la verrue sur le front ou le nez d'un ancêtre de l'auteur.

Quant à l'hôte de Cicéron, Flaccus, on peut supposer que lui-même ou l'un de ses ancêtres avait les oreilles pendantes puisque tel est le sens de son surnom !

On trouve également mentionné Tulliola, qui est le diminutif affectif de Tullia : ma petite/ma chère Tullia.

Enfin, un esclave porte le nom que son maître lui donne ou le sien propre s'il l'a affranchi.

Voici quelques prénoms masculins à la disposition des Romains de l'Antiquité avec leur abréviation entre parenthèses :

Aulus (A.), Appius (AP.), Caius / Gaius (C.), Cnæus / Gnæus (Cn.), Decimus (D.), Lucius (L.), Manius (M'.), Marcus (M.), Numerius (N.), Publius (P.), Quintus (Q.), Servius (Ser.), Sextus (Sex.), Tiberius (Ti.), Titus (T.).

Voici maintenant quelques surnoms évocateurs !

Balbus : le bègue ; *Barbatus* : le barbu ; *Brutus* : le stupide ; *Cato* : l'astucieux ; *Pius* : le pieux ; *Torquatus* : celui qui s'est emparé d'un torque (collier gaulois).

Enfin, quelques noms de famille célèbres qui, mis au féminin, trouvent toute leur actualité de nos jours :

Julia : la famille de César ; Flavia : la dynastie des empereurs flaviens ; Claudia : la famille des empereurs claudiens...

Entraînement

Version

Dominæ filia non dea est.
Deae statuam spectare possumus.
Flavia appellor (= *vocor*).

Thème

La servante orne les autels de roses.

La petite Tullia regarde les roses sur (*in* : préposition suivie de l'ablatif) la statue.

▲ *Analysez soigneusement chaque mot avant de traduire, repérez bien son cas, donc sa fonction !*

▲ *Attention à la place des mots dans la phrase latine.*

III

« Medice, cura te ipsum ![1] »

2e déclinaison :	***dominus, i,*** **m. : le maître de maison**
	ager, agri, **m. : le champ**
	puer, eri, **m. : l'enfant, le petit esclave**
	templum, i, **n. : le temple**

Indicatif présent actif et passif de la 2e conjugaison : ***moneo, es, ere*** **: conseiller, avertir**

TEXTE D'ÉTUDE

Lupus et agnus (le loup et l'agneau)

Agnus *in* ***agro*** *vivit et sæpe ad* ***rivum*** *venit.*
Sed subito ***lupus*** *e silva currit et* ***agno*** *dicit* :
Meam aquam bibis.
Agnus timet *et* ***lupo respondet*** :
Tuam aquam non bibo, ***lupe****.*
Sed ***lupus agnum*** *capit, eum trahit et vorat.*

TRADUCTION

« **Un agneau** vit dans **un champ** et vient souvent au bord de **la rivière.**

1. « Médecin, soigne-toi toi-même ! »

Mais, tout à coup, **un loup** accourt de la forêt et dit à **l'agneau** :

Tu bois mon eau.

L'agneau a peur et **répond au loup** :

Je ne bois pas ton eau, **loup**.

Mais **le loup** saisit **l'agneau**, le traîne et le dévore. »

Observations

■ ***Agnus, agro, rivum, lupus, agno, lupo, lupe*** sont des noms ; deux d'entre eux sont repris à des cas différents : *agnus/agno/agnum* et *lupus/lupo/lupe*.

■ ***Timet, respondet*** sont des verbes, à la 3ᵉ pers. du sing. de l'ind. présent (on reconnaît la désinence -t déjà vue dans le chapitre précédent), mais ils appartiennent à la 2ᵉ conjugaison au radical en -e.

Leçon

1) Tous les noms cités appartiennent à la **2ᵉ déclinaison**, puisqu'ils ont le **même génitif singulier en -i**, mais, à la différence de la 1ʳᵉ, elle comprend plusieurs modèles :

■ Les noms **masculins** terminés en **-us** ou en **-er** au **nom. sing.** et en **-i** au gén. sing.

Les noms terminés en **-er** se divisent en deux catégories selon qu'ils conservent ou non le « e » tout au long de la déclinaison. Le gén. sing. nous le précise :

Puer, eri : l'enfant, le petit esclave (le « e » est conservé) ;
Ager, gri : le champ (le « e » disparaît) ;
Vir, viri : l'homme, le mari, malgré ce nominatif particulier, il se décline aussi sur la 2ᵉ déclinaison.

■ Les noms **neutres** terminés en **-um au nom. sing.** et en **-i** au gén. sing.

Ceux-ci ont en outre la particularité, **dans toutes les déclinaisons**, d'avoir les **trois premiers cas** toujours **identiques** au singulier et identiques également au pluriel ; quant aux autres cas, ils sont semblables à ceux du masculin.

Modèles de la 2e déclinaison

	SINGU-LIER	PLURIEL	SINGU-LIER	PLURIEL	SINGU-LIER	PLURIEL
Nom.	*Domin-**us***	*Domin-**i***	*Puer*	*Puer-**i***	*Ager*	*Agr-**i***
Voc.	*Domin-**e***	*Domin-**i***	*Puer*	*Puer-**i***	*Ager*	*Agr-**i***
Acc.	*Domin-**um***	*Domin-**os***	*Puer-**um***	*Puer-**os***	*Agr-**um***	*Agr-**os***
Gén.	*Domin-**i***	*Domin-**orum***	*Puer-**i***	*Puer-**orum***	*Agr-**i***	***Agr-orum***
Dat.	*Domin-**o***	*Domin-**is***	*Puer-**o***	*Puer-**is***	*Agr-**o***	*Agr-**is***
Abl.	*Domin-**o***	*Domin-**is***	*Puer-**o***	*Puer-**is***	*Agr-**o***	*Agr-**is***

Remarque :

Noter l'absence de désinences aux nom. et voc. sing. de *puer* et de *ager* et la similitude de ces deux cas.

Déclinaison neutre : *templum, i* (le temple)

	SINGULIER	PLURIEL
Nom.	*Templ-**um***	*Templ-**a***
Voc.	*Templ-**um***	*Templ-**a***
Acc.	*Templ-**um***	*Templ-**a***
Gén.	*Templ-**i***	*Templ-**orum***
Dat.	*Templ-**o***	*Templ-**is***
Abl.	*Templ-**o***	*Templ-**is***

Remarque :

Il y a très peu de noms féminins et ils désignent essentiellement des **arbres** (*cf.* Vocabulaire), quelques pays comme *Ægyptus, i* : l'Égypte et le nom commun *humus, i* : la terre, le sol.

• Moyen mnémotechnique : « Dans chaque **arbre**, il y a une **nymphe**, dans chaque **fleuve**, un **dieu barbu**. »

2) 2e conjugaison à l'indicatif présent actif et passif : *moneo, es, ere* (avertir, conseiller)

ACTIF	PASSIF
*Mone-**o***	*Mone-**or***
*Mone-**s***	*Mone-**ris***
*Mone-**t***	*Mone-**tur***
*Mone-**mus***	*Mone-**mur***
*Mone-**tis***	*Mone-**mini***
*Mone-**nt***	*Mone-**ntur***

Cette conjugaison se reconnaît à son **radical** terminé en « **-e** ».

Vocabulaire

Voici quelques noms se déclinant sur les différents modèles de la 2e déclinaison :

Agnus, i : l'agneau > **agne**ler, **agne**let, **Agnès**

Bellum, i : la guerre > **belli**queux, **belli**gérant, belligérance, **belli**ciste

Delphinus, i : le dauphin > **delphinarium**, **Delphine**

Deus, i : le dieu > **déifi**er, **déifi**cation

Discipulus, i : l'élève, le disciple > **discipline**

Equus, i : le cheval > équitation, **équestre**, **équin**, **équi**dé

Forum, i : le forum, la place publique

Ludus, i : le jeu, l'école > **ludi**que, **ludo**thèque, inter**lude**, pré**lude**

Magister, tri : le maître d'école > **magistral**, **magistralement**

Quelques **noms d'arbres**, rappelons-le, **tous féminins** :

Ficus, i : le figuier

Laurus, i : le laurier

***Pir**us, i* : le poirier > **piri**forme

Platanus, i : le platane

Populus, i : le peuplier

Quelques verbes se conjuguant sur *moneo, es, ere* :
Deleo, es, ere : détruire
Habeo, es, ere : avoir
Respondeo, es, ere : répondre
Teneo, es, ere : tenir
Video, es, ere : voir

CIVILISATION : QUELQUES ANIMAUX FAMILIERS

Les animaux suivants sont déjà très présents dans la vie des Romains. Parmi les plus courants, on trouve :

Le chien (*canis, is*, m. ou f.) : cet animal, très répandu, est le gardien de la maison, comme l'attestent les mosaïques fréquentes à l'entrée des maisons « *cave canem !* » : « attention au chien ! » Il est également le gardien des troupeaux et accompagne aussi les chasseurs. Mais il peut tout simplement tenir compagnie à ses maîtres.

Le chat (*feles, is*, f.) : originaire d'Égypte, il est apparu très tardivement chez les Romains. Pour chasser les petits rongeurs, ils avaient recours à la belette (*mustela, ae*, f.).

Les oiseaux (*avis, is*, f.) : nombreux et variés, ils sont très appréciés, pour leur beauté, leur agrément ou leur chair : des perroquets, corbeaux, rossignols et chardonnerets des volières en passant par les perdrix, coqs, pintades, cailles et coqs, qui picorent sous la table avant de passer... dessus, aux cygnes, oies, canards ou paons.

Le cheval (*equus, i*, m.) : utilisé pour les travaux agricoles, il sert surtout à la chasse, aux transports, à la guerre et aux célèbres courses de chars dans les cirques, dont le plus célèbre est le Circus Maximus à Rome.

ENTRAÎNEMENT

Version

Discipulus magistro bene respondet.*
In foro deorum templa sunt.
**bene* : bien (*cf.* N. B. : note bien).
*le verbe être peut se traduire par « il y a » et s'accorde avec le sujet réel.

Thème

La guerre détruit les peupliers et les platanes.
Les enfants aiment toujours* les jeux.
*toujours : *semper*.

IV

« Fluctuat nec mergitur[1]. »
Devise de Paris

Adjectifs de la 1re classe
Imparfait de *sum* et de ses composés
Imparfait actif et passif de la 1re et 2e conjugaisons,
***amo* et *moneo*.**

TEXTE D'ÉTUDE
La journée d'un jeune Romain

***Prima** hora e lecto puer **Romanus** surgebat. In ludo magister multa **docebat**. Aliquando puer **ignavus erat** et magister virgis eum feriebat sed discipulus non **lacrimabat**. Meridie **prandebat**, deinde in campo Martio ludebat aut in silvis et in agris **ambulabat**.*

TRADUCTION

« L'enfant **romain** se levait de son lit à la **première** heure du jour. À l'école le maître lui **enseignait** beaucoup de choses. Parfois l'enfant était **paresseux** et le maître d'école le frappait à coups de verges mais l'élève ne **pleurait** pas. À midi **il**

1. « Il [le bateau] flotte mais ne coule pas. »

déjeunait, ensuite il jouait au champ de Mars ou bien **se promenait** dans les forêts et les champs.»

Observations

■ ***Prima, Romanus, ignavus*** sont des **adjectifs**. Les deux premiers sont **épithètes** et, à ce titre, sont placés en latin, la plupart du temps, **avant le nom sauf**, comme ici: *Romanus*, les adjectifs de **nationalité** et les adjectifs **démonstratifs ou possessifs.**

■ ***Ignavus*** est **attribut**, il se place donc **après le nom.**

■ ***Docebat, erat, lacrimabat, prandebat*** et ***ambulabat*** sont des verbes à l'imparfait de l'indicatif, à la 3e pers. du sing. (*cf.* désinence -t).

Leçon

1) Adjectifs de la 1re classe

Ils se déclinent, au masculin et au neutre singuliers, respectivement sur *dominus/puer/ager* et sur *templum*; au féminin, sur *rosa*.

Ils s'accordent avec le nom dont ils sont épithètes, attributs ou auquel ils sont apposés.

Ex.: *pulchra puella*: la/une belle jeune fille
filius meus: mon fils (N. B.: la place de l'adjectif possessif!)
magnum templum: le/un grand temple

2) Imparfait de *sum* et ses composés:

Le radical de *sum* à l'imparfait est er-; pour former l'imparfait, on ajoute simplement à ce radical le suffixe **-a- suivi des désinences personnelles:**

Er-a- m/s/t/mus/tis/nt

Pour ses composés, on ajoute au préverbe: *eram*...
*Ad-**eram***: j'étais présent; *ab-**eram***: j'étais absent, etc.
*Pot-**eram***: je pouvais; *prod-**eram***: j'étais utile

3) Imparfait de l'indicatif des verbes des deux premières conjugaisons :

Il suffit d'ajouter le suffixe -ba- au radical du verbe suivi des désinences personnelles actives ou passives :

Radical du verbe + suffixe -ba- + désinences actives/ passives

*Ama-**ba-m, -ba-s, -ba-t, -ba-mus, -ba-tis, -ba-nt***: j'aimais

*Mone-**ba-m, -ba-s, -ba-t, -ba-mus, -ba-tis, -ba-nt***: je conseillais, j'avertissais

*Ama-**ba-r, -ba-ris, -ba-tur, -ba-mur, -ba-mini, -ba-ntur***: j'étais aimé(e)

*Mone-**ba-r, -ba-ris, -ba-tur, -ba-mur, -ba-mini, -ba-ntur***: j'étais conseillé(e)

VOCABULAIRE

N. B. : on cite un adjectif latin par son nominatif singulier, masculin, féminin et neutre :

***bon**us, a, um* : bon > un **bonus, boni**fier, bonification
jucundus, a, um : agréable
***magn**us, a, um* : grand > **magna**nime, **magni**tude, Charle**magne**, un **magnum**, **magni**fique, **magni**ficence
***mal**us, a, um* : mauvais, méchant > un **malus**, **malé**diction, **malé**fice, **mal**in
molestus, a, um : pénible
parvus, a, um : petit
***perit**us, a, um* : habile, compétent > **expert**, **expéri**menté
præclarus, a, um : remarquable
propinquus, a, um : voisin, proche
***pulcher**, chra, um* : beau > **Pulchérie**
***superb**us, a, um* : orgueilleux, tyrannique > **superbe**

***ambul**o, as, are* : se promener > dé**ambuler**, **ambul**ant/ce, dé**ambula**toire
***doce**o, es, ere* + acc. : enseigner > **docile**
***exerce**o, es, ere* : s'exercer > **exercice**

habeo, es, ere : avoir, posséder

laboro, as, are : travailler > **laborieux, labeur, labourer, labour**

lacrimo, as, are : > lacrymal

prandeo, es, ere : déjeuner > **prandial**

CIVILISATION : L'ENSEIGNEMENT À ROME

Jusqu'à 7 ans, l'enfant, garçon ou fille, est élevé par la ***familia*** (mère ou esclave).

De 7 à 12 ans, filles et garçons suivent l'enseignement du ***ludi magister*** qui leur apprend à lire, à écrire et à compter. Ce maître est souvent mal considéré, très peu rémunéré et médiocre. Il n'a qu'un jour de congé tous les neuf jours et les vacances d'été.

À 12 ans s'arrêtent les études des filles qui se consacrent alors aux activités domestiques.

De 12 à 16 ans, les garçons vont apprendre, par cœur, chez le ***grammaticus***, des textes d'auteurs grecs ou latins qu'ils commentent.

De 16 à 18 ans, le jeune homme apprend, auprès du ***rhetoricus***, *maître d'éloquence*, à composer des discours et à les déclamer en grec !

Les **outils** des écoliers :

Les écoliers se servent de l'ancêtre de l'effaceur, le ***stilus***, pointu à une extrémité pour écrire sur la cire, aplati à l'autre pour effacer. Cette cire noire recouvre des tablettes en bois : ***pugillares***.

On utilise également un ***calamus***, plume de roseau, et un encrier. On écrit sur du papier (***charta***). Les livres formés de papyrus enroulés sont rangés dans une boîte cylindrique : ***capsa***.

ENTRAÎNEMENT

Thème

Les maîtres d'école aiment enseigner aux bons élèves.

Les élèves brillants travaillent volontiers* à** l'école.

*volontiers : *libenter* ;

**à, dans, indiquant le lieu où l'on est se traduit par la préposition *in* suivie de l'ablatif, pour un nom commun.

Version

Pulchræ puellæ in foro ambulabant et magnas dearum***
statuas spectabant.

**magnas*, épithète de *statuas* et ***deorum*, complément du nom *statuas* également, se mettent tous les deux devant ce mot dans l'ordre alphabétique : adjectif d'abord puis le complément du nom.

Ancillæ et servi superbis malisque dominis** lacrimabant.*

*-*que* est une particule invariable qui s'accroche à la fin du dernier mot d'une énumération et signifie « et » ;

**complément circonstantiel de cause.

V

« Hic jacet lepus[1]*. »*

3e déclinaison :
les noms imparisyllabiques/radical consonantique
les noms parisyllabiques/radical vocalique

TEXTE D'ÉTUDE

La famille

Pater *familias* ***caput*** *familiæ est. Quotidie it ad* ***opus*** *nec* ***labori*** *parcit dum* ***mater*** *domi manet liberis invigilans.*

Fratres *et* ***sorores*** *inter se diligunt ; attamen* ***fratres*** *nonnumquam* ***sorores*** *derident ; tunc* ***sorores*** *flent clamitantque. Cum* ***pater*** *domum redit, filios vituperat ; etiam aliquandiu verberat.*

Patris pater *avus paternus est,* ***mater*** *avia. Romæ avunculus* ***matris frater*** *erat.*

TRADUCTION

« **Le père** de famille est le **chef** de famille. Chaque jour il se rend à son **travail** et ne ménage pas **sa peine** tandis que **la mère** reste à la maison à surveiller les enfants.

Les frères et sœurs se chérissent ; cependant **les frères**

1. « C'est là que gît le lièvre (la difficulté). »

parfois se moquent de leurs **sœurs** ; alors **les sœurs** pleurent et crient. Quand **le père** revient à la maison, il blâme ses fils ; parfois aussi il les frappe.

Le père du père est le grand-père paternel, **la mère** (du père) la grand-mère. À Rome, l'oncle était **le frère de** la mère. »

Observation

Tous les mots en caractères gras, aux désinences pour la plupart encore inconnues jusqu'alors, appartiennent à la 3e déclinaison. Celle-ci présente deux grandes catégories de noms.

Leçon : la 3e déclinaison

Son **génitif** singulier est en **-is**. Elle comprend des noms :

1) **Imparisyllabiques** (également appelés noms à radical consonantique) : ce sont des noms dont le nombre de syllabes n'est pas le même au nominatif et au génitif singuliers.

Ces noms ont généralement leur **radical** (obtenu en enlevant la désinence -is du génitif singulier) **terminé par une consonne.** Celle-ci était à l'origine suivie, la plupart du temps, d'un « s » avec lequel elle s'est contractée – sauf avec les dentales : « d », « t », qui, elles, sont tombées devant ce « s ».

- Moyen mnémotechnique : « Une **d**ent **t**ombe. »

Ex. : **REG- S* → *REX*, nom. sing. : le roi
1 syllabe, contraction de la consonne
du radical g avec le s = x
REG-IS au gén. sing.
1 + 1 = 2 syllabes
**PED-S* → *PES* : le pied, *PED-IS*, la dentale « d » est tombée devant le « s ».

N. B. : on retrouve la plupart du temps la consonne qui précédait le « s » au génitif singulier :

Ex. : *PAC-S* → *PAX* (nom. sing.), *PAC-IS* (gén. sing.).

Les noms dont le radical est terminé par n, l, r, n'avaient pas de « s » au nom. sing.

• Moyen mnémotechnique : « **n**ote de **l**a **r**édaction. »
Ex. : *CONSUL*, nom. sing. : le consul
CONSULIS, gén. sing.

2) Parisyllabiques (également appelés noms à radical vocalique en -i). Ils ont le même nombre de syllabes au nominatif et au génitif singuliers.
Ex. : *HOSTIS*, nom. sing. : l'ennemi (public)
HOSTIS, gén. sing.

3) Faux imparisyllabiques : ce sont d'anciens parisyllabiques qui, ayant perdu leur -i au nominatif, sont donc devenus des imparisyllabiques. Mais **ils se déclinent comme les parisyllabiques.** On les reconnaît grâce à leur nominatif singulier terminé par au moins deux consonnes.
Ex. : *urbis* > *urbs* (nom. sing.), *urbis* (gén. sing.).

Pourquoi établir une distinction entre les noms imparisyllabiques et les noms parisyllabiques ?

Parce que, bien qu'ils appartiennent à la même déclinaison, ils ont cependant, à certains cas, des différences (soulignées dans le tableau ci-dessous) :

3e déclinaison

LES RADICAUX À CONSONNE/« IMPARISYLLABIQUES »				LES RADICAUX À VOYELLE/« PARISYLLABIQUES »			
Singulier	Pluriel	Singulier	Pluriel	Singulier	Pluriel	Singulier	Pluriel
m./f.		neutre		m./f.		neutre	
Consul	*Consu-**les***	*Corpus*	*Corpor**a***	*Civ**is***	*Cives*	*Mare*	*Mar**ia***
Consul	*Consu-**les***	*Corpus*	*Corpor**a***	*Civ**is***	*Cives*	*Mare*	*Mar**ia***
*Consu-**lem***	*Consu-**les***	*Corpus*	*Corpor**a***	*Civ**em***	*Cives*	*Mare*	*Mar**ia***

LES RADICAUX À CONSONNE/« IMPARISYLLABIQUES »				LES RADICAUX À VOYELLE/« PARISYLLABIQUES »			
Singulier	Pluriel	Singulier	Pluriel	Singulier	Pluriel	Singulier	Pluriel
m./f.		neutre		m./f.		neutre	
Consulis	*Consu-lum*	*Cor-po-**ris***	*Corpo-**rum***	*Civ**is***	*Civium*	*Maris*	*Mar**ium***
Consuli	*Consu-**libus***	*Corpor**i***	*Corpo-**ribus***	*Civi*	*Civ**ibus***	*Mari*	*Mar**ibus***
Consule	*consu-li-**bus***	*Corpore*	*Corpo-**ribus***	*Cive*	*Civ**ibus***	*Mari*	*Mar**ibus***

Vocabulaire

Noms se déclinant sur *consul* (génitif pluriel en **-um**) :

*Dux, **duc**is,* m. : le chef, le guide > duc, aque**duc**, oléo**duc**, via**duc**

*Homo, **homin**is,* m. : l'homme (en général), l'être humain > **hom**inidé, **hom**icide

*Legio, **legio**nis*, f. : la légion > **légio**nnaire, **légio**nellose

*Leo, **leon**is,* m. : le lion > **léon**in, **Léon**, **Léon**ie, **Léon**ce

*Miles, **milit**is*, m. : le soldat > **mili**taire, (anti)**mili**tariste, **mili**ter, **mili**tant, (dé)**mili**tariser, (dé)**mili**tarisation

*Pax, **pac**is*, f. : la paix > **paci**fiste, **paci**fier, **paci**fication

*Princeps, **princip**is*, m. : le premier, le prince > principal, principe, principat, principauté

*Regio, **regio**nis*, f. : la région > régional/-isation

*Rex, **reg**is*, m. : le roi > **régi**cide, **rég**ir, **rég**ent/-ner

*Sermo, **sermon**is*, m. : le discours, la conversation > **sermon**/-er

*Vox, **voc**is*, f. : la voix > **voc**al, **voc**alise, **voc**aliser, **voc**alisation, (con)**voc**ation

Remarque :

Six noms **parisyllabiques se déclinent** sur ***consul***, on les appelle « noms de la maisonnée » car ils désignent les membres d'une même famille :

frater, fratris, m. : le frère ; *mater, matris*, f. : la mère ; *pater, patris*, m. : le père ; *juvenis, juvenis*, m. : le jeune homme ; *senex, senis,* m. : le vieillard ; *canis, canis*, m. : le chien.

Noms se déclinant sur ***corpus*** (génitif pluriel en -um et trois premiers cas pluriel en -a) :

*Caput, **capit**is*, n. : la tête > **capit**al, une **capit**ale, **capi-t**aine, **décapit**er, **décapit**ation, **capit**uler ; **chapi**tre, **chapi**teau, **chevet**, **chef**, **chef**-lieu, **chef**-d'œuvre, couvre-**chef**

*Genus, **gen**eris*, n. : le genre, l'espèce > **gén**é**rer**, **géné**rateur, (ré/dé) **générer**, **génération**, dé**géné**rescence, en**gen**drer, indi-**gène**, **géni**e, **ingén**ieux, con**génère**

*Iter, **itiner**is*, n. : la route, le chemin, le voyage > **itinér**aire/-rant, ré**itérer**

*Nomen, **nomin**is*, n. : le nom > **nom**mer, **nomin**er, **nomin**ation, **prénom**, pré**nom**mer, **nomin**al, **nomin**atif, sur**nom**

*Tempus, **tempor**is*, n. : le temps > **tempo**rel, **tempo**raire, **tempo**riser, con**tempo**rain

Noms se déclinant **sur *civis, civis***, m. (génitif pluriel en -ium) :

*Finis, **fin**is*, m. : la limite (au pluriel : la frontière) > **fin**, **fini**-tion, **fin**itude, in**fini**, in**finiment**

*Gens, **gent**is*, f. : la **famille**, la **famille** noble, la nation > **gent**il, **genti**lhomme, **géni**tif, pro**géni**ture

*Hostis, **host**is*, m. : l'ennemi > **host**ile, **hosti**lité

*Mors, **mort**is*, f. : la mort > **mort**el, **mort**ellement, **mort**alité, **mort**ifié, **mort**ifère

*Pars, **part**is*, f. : la **partie** > (im)**part**ial, (im)**part**ialité, **part**iel, **part**iellement

*Urbs, **urb**is*, f. : la ville > (sub)**urb**ain, **urb**anité, **urb**anisme, **urb**aniser, **urb**anisation, su**burb**ain (Urbs avec une majuscule désigne Rome.)

Noms se déclinant **sur *mare***, *maris*, n. (génitif pluriel en **-ium**, ablatif singulier en **-i**, trois premiers cas pluriel en **-ia**) :

*Animal, **animalis**,* n. : l'animal > **animal**ité, **animal**ier

*Nectar, **nectaris**,* n. : le **nectar**

Civilisation : les grandes étapes de la vie d'un Romain

La naissance

Si le père de famille (*pater familias*) soulève du sol l'enfant et le prend dans ses bras, c'est qu'il le reconnaît. Sinon, il peut l'abandonner dans la rue (*expositio*) afin qu'il puisse être recueilli ou, si c'est un garçon, adopté.

Le huitième jour (*dies lustricus*) pour les garçons, le neuvième pour les filles, l'enfant est religieusement purifié. Le garçon reçoit son prénom et la *bulla*, sorte d'amulette qu'il portera autour du cou.

L'adolescence du jeune Romain

Le jour de ses 17 ans, le fils d'un homme libre enlève sa *bulla* et devient par ce geste symbolique *adulescens* (celui qui est en train de grandir). À partir de ce moment, il devient un citoyen soumis aux obligations militaires, pour longtemps puisqu'il peut servir dans l'armée jusqu'à 45 ans et est mobilisable jusqu'à 60 ans !

L'adolescence de la jeune Romaine

Fiancée dès 7 ou 8 ans, la jeune Romaine peut se marier dès 12 ans. Elle passe alors de la tutelle paternelle à la tutelle maritale. Le mari est souvent bien plus âgé qu'elle car même si le jeune Romain peut se marier dès 14 ans, il attend généralement 30-35 ans !

D'*uxor*, épouse, elle devient *matrona*, dès qu'elle est mère de famille. Elle a la charge de la maison et gère ses biens qu'elle conserve, même en cas de divorce.

La cérémonie du mariage

Dans les familles aisées, tous les mariages sont conclus par les parents et la dot de la jeune fiancée fixée au terme de négociations parfois longues !

Vêtue, depuis la veille, d'une longue tunique blanche, six tresses cachées sous un voile couleur safran, la fiancée s'avance vers son fiancé. Ils joignent leurs deux mains droites. Des sacrifices et libations sont offerts aux divinités protectrices du mariage. Après un dîner solennel, la jeune épouse est escortée jusqu'à la demeure de son époux sous les cris et les chants pour chasser les maléfices. Son mari la soulève pour franchir le seuil et on l'accueille en lui offrant de l'eau et du feu. Elle répond : « *Ubi tu Gaius, ibi Gaia ero**. » Enfin, à son tour, elle fait des offrandes aux divinités de la maison qui la reçoit.

*« Là où tu seras Gaius, je serai Gaia. »

Entraînement

Version

Homines non bella sed pacem gentibus amare debent.*

**sed* : mais.

Thème

Les frontières de la région étaient proches.

Les soldats des légions romaines détruisaient les nombreuses* villes des ennemis.

*nombreux/ses : *multi, æ, a.*

▲ *Identifiez soigneusement sur quel modèle se déclinent les noms !*

VI

« Dura lex, sed lex[1]*. »*

Adjectifs de la 2e classe
Participe présent actif (p.p.a.)

TEXTE D'ÉTUDE

Portrait de Jules César, extrait de la *Vie des douze Césars*, Suétone (70-140)

Fuisse traditur excelsa statura, colore candido, ***teretibus*** *membris, ore paulo* ***pleniore****, nigris vegetisque oculis, valetudine prospera, nisi quod tempore extremo repente animo linqui atque etiam per somnum exterreri solebat.* ***Comitiali*** *quoque morbo* bis inter res agendas correptus est.*

**comitialis morbus* : le « mal comitial », l'épilepsie.

TRADUCTION

« Il avait, dit-on, la taille élevée, le teint blanc, les membres **délicats**, le visage un peu **trop plein**, les yeux noirs et vifs ; sa santé était bonne, sauf que, dans les tout derniers temps, il lui arrivait de s'évanouir soudain et même d'être en proie à des terreurs nocturnes. Il fut également pris de deux crises d'**épilepsie**, tandis qu'il s'occupait des affaires publiques. »

1. « La loi est dure mais c'est la loi. »

Observations

Les mots en caractères gras sont des adjectifs qualificatifs épithètes. Ils ont des désinences identiques à celles des noms de la 3e déclinaison, étudiée dans le précédent chapitre :

- *teretibus* : ici ablatif pluriel de *teres, teretis* (délicat, fin).
- *pleniore* : ablatif singulier de *plenus, a, um* (plein) ; mais cet adjectif, mis ici au comparatif au moyen du suffixe -ior- ajouté au radical et -ioris au génitif singulier, se décline alors sur la 3e déclinaison.
- *comitiali* : ablatif singulier de *comitialis, is, e* (comitial).

Leçon

1) Adjectifs de la deuxième classe : ils se déclinent tous sur les noms de la 3e déclinaison.

Comme eux, ils se divisent en :

- **Adjectifs imparisyllabiques** – ou à thème consonantique – qui se déclinent **sur :** ***consul*** au **masculin-féminin** et **sur** ***corpus*** au **neutre.** Ils ont le même nominatif singulier aux trois genres et on les cite comme des noms :

Ex. : *vetus, eris* (vieux) ; *dives, itis* (riche) ;
pauper, eris (pauvre).

Exceptions : Les adjectifs terminés en -ax, -ix, -ox.
Ex. : *audax, audacis* (audacieux) ; *felix, felicis* (heureux).

Les adjectifs et participes présents terminés en -ns (nominatif singulier), **-ntis** (génitif singulier).
Ex. : *prudens, prudentis* (prudent) ;
amans, amantis (aimant).

Ces deux catégories se **déclinent sur** ***civis*** au masculin-féminin – **sauf à l'ablatif singulier qui est en -i** –, et **sur** ***mare*** au neutre.

▲ ***L'ablatif singulier du participe présent** est en -e lorsqu'il se rapporte à un nom de personne et en -i lorsqu'il se rapporte à un nom de chose.*

■ **Adjectifs parisyllabiques** – ou à thème vocalique en -i – qui se déclinent sur *civis* **au masculin-féminin, sauf encore à l'abl. sing. en -i,** et **sur *mare* au neutre. On les cite en général par leur nominatif singulier masculin/féminin** et leur nominatif singulier **neutre.**

Ex. : *fortis, e* (courageux et non pas fort !) ;
omnis, e (tout, chaque).
Se déclinent aussi sur ces modèles les adjectifs :
acer, acris, acre (vif) et *celer, celeris, celere* (rapide).

2) Formation du participe présent actif (p.p.a.)

Radical du verbe + suffixe -ns (nom. sing.)/-ntis (gén. sing.)

Ex. : *ama-ns, ama-ntis* (aimant) : *mone-ns, mone-ntis* (avertissant).

▲ *Aux 3e et 4e conjugaisons, il faut ajouter au radical du verbe une voyelle de liaison : -e-.*

Ex. : *leg-**e**-ns* (lisant) ; *cap-i-**e**-ns* (prenant) ;
*audi-**e**-ns* (entendant).

Remarques :

***Sum* n'a pas de participe présent** (donc ses composés non plus).

Le participe présent a toujours un sens actif.

VOCABULAIRE

Outre les adjectifs cités dans la leçon, il faut connaître ceux-ci (ils se déclinent tous sur *civis* ou *mare*) :
***Brev**is, e* : bref > **briève**té, **briève**ment
***Difficil**is, e* : **difficile** > **diffic**ulté, **diffici**lement
***Facil**is, e* : facile > **facil**ité, **facil**ement, **facil**itation

***Gravis**, e* : lourd, grave, sérieux, pénible > **gravi**té, **gravi**tation, **grav**iter, **grav**ide, **gravi**dique

***Levis**, e* : léger > **lévi**tation

***Omnis**, e* : tout, chaque > **omni**vore, **omni**bus, **omni**potent, **omni**présent, **omni**scient

***Simili**s, e* : semblable > **simili**tude, **simil**aire, **simili**, as**simil**er/-ation

Talis, e : tel

***Tristis**, e* : triste > **trist**esse, **triste**ment, at**trist**er

Civilisation : les instances gouvernementales sous la République

Les Comices (assemblées)

Comices curiates

Ne comportent que les patriciens.

Rôle religieux.

Comices centuriates

Assemblée de tous les citoyens classés par centuries en cinq classes sociales selon leur fortune.

Élisent les magistrats supérieurs : préteur, consul – qui disposent en outre de l'imperium (pouvoir suprême) – et censeur. Elles disposent du droit de vie et de mort ; votent certaines lois ainsi que les déclarations de guerre.

Comices tributes

Tous les citoyens.

Élisent les magistrats inférieurs (questeurs, édiles) et votent la plupart des lois.

Les Magistrats

Cursus honorum : « course des honneurs », carrière des honneurs.

Elle doit être effectuée dans l'ordre ; chaque magistrature est collégiale, ne dure qu'un an et n'est pas renouvelable.

- Questeur : trésorier.
- Édile : magistrat responsable de services municipaux.
- Préteur : juge.
- Consul : chef de l'État.

Autres magistratures

– Censeurs : ils recrutent le sénat et établissent la liste des citoyens selon leur fortune (« cens »).

– Un dictateur peut être nommé en cas de crise pour six mois ; assisté d'un maître de cavalerie, il a le pouvoir absolu.

Le sénat

Il se compose d'anciens magistrats (entre 300 et 900) inscrits par les censeurs, en principe à vie. Il gère le budget de l'État et décide de la guerre ou de la paix.

ENTRAÎNEMENT

Remplacer dans les phrases ci-dessous les adjectifs de la 1re classe par ceux de la 2e indiqués entre parenthèses, au même cas :

Cum doctis amicis ambulo.*
(*felix, icis*)
**cum* : préposition suivie de l'ablatif : « avec », + nom de personne.

Parvum templum videmus.
(*ingens*)

Miseram vitam agimus.*
(*difficilis*)
**vitam/tempus agere* : mener une vie/passer son temps.

Longum sermonem habemus.*
(*brevis*)
**sermonem habere* : tenir un discours.

VII

« Casus belli[1]. »

Comparatifs et superlatifs des adjectifs et des adverbes
Compléments du comparatif et du superlatif

TEXTE D'ÉTUDE

César, un général et un guerrier exceptionnels, extrait de la *Vie des douze Césars*, Suétone

[Cæsar] armorum et equitandi ***peritissimus****, laboris ultra fidem patiens erat. [...]* ***Longissimas*** *vias incredibili celeritate confecit. [...] In obeundis expeditionibus dubium* ***cautior*** *an* ***audentior****.*

TRADUCTION

« [César] était **très habile** dans le maniement des armes et l'art de monter à cheval : il était résistant aux travaux pénibles au-delà de ce qui est croyable. [...] Il accomplit de **très longues** étapes avec une incroyable rapidité. [...] Au cours de ses campagnes, le doute subsiste s'il était **plus prudent** ou **plus audacieux.** »

1. « Un motif de guerre. » Acte de nature à motiver, pour un gouvernement, une déclaration de guerre.

Observations

Les mots en caractères gras sont des adjectifs qualificatifs.

Les désinences « -us », « -as » des deux premiers sont facilement identifiables.

En revanche, la désinence « **-ior** » ne l'est pas.

Enfin, si l'on sait que *peritissimus* < *peritus, a, um*, on se demande d'où vient cet élément « parasite » : **-issim-**. Cette remarque vaut également pour *longissimas* < *longus, a, um*.

La traduction nous le montre, il s'agit d'adjectifs mis, les deux premiers, au superlatif absolu de supériorité et, les deux derniers, au comparatif de supériorité.

Remarque :

Le latin ne fait pas de distinction dans sa formation entre le superlatif relatif et le superlatif absolu :

Ex. : *Cæsar* ***peritissimus*** est.

Cette expression peut se traduire aussi bien par :

– César est **le plus** habile : **superlatif relatif.** On sous-entend un complément : « de tous les chefs » par exemple. Son habileté est considérée **par rapport** à celle d'un groupe donné. Elle est relative car si les autres chefs sont inexpérimentés, César est alors, en fait, le plus habile des... inexpérimentés !

– César est très habile : **superlatif absolu.** On ne compare plus l'habileté de César par rapport à qui ou à quoi que ce soit. En vertu des critères habituels de l'habileté, on peut affirmer que ce chef les possède au degré le plus élevé.

Leçon

1) Formation du comparatif et du superlatif

a) Formation du comparatif de supériorité

Adjectif : radical* de l'adjectif + suffixe -ior + désinences des imparisyllabiques de la 3e déclinaison (*consul/corpus*).

*radical obtenu en ôtant la désinence du génitif masculin singulier et ce, quelle que soit la classe à laquelle il appartient.

Mais aux **nominatif et accusatif neutres singuliers**, le **suffixe** est **-ius** :

Ex. : *doctus, a, um* (savant) ; gén. sing. : *docti* ; radical : *doct-* ; comparatif : *doct-ior* ;
fortis, e (courageux) ; gén. sing. : *fortis* ; radical : *fort-* ; comparatif : *fortior* ;
prudens, entis (prudent) ; gén. sing. : *prudentis* ; radical : *prudent-* ; comparatif : *prudentior*.

Adverbe : identique aux nominatif/accusatif neutres du comparatif de l'adjectif.

Ex. : *doctius* (plus savamment) ;
fortius (plus courageusement) ;
prudentius (plus prudemment).

b) Formation du superlatif de supériorité relatif ou absolu

Adjectifs : radical de l'adjectif + suffixe **-issim- + désinences** des **adjectifs** de la **1re classe *(bonus)***

Ex. : *doct-issim-us, a, um* : le/la plus savant(e), très savant(e) ;
fort-issim-us, a, um : le/la plus courageux(se), très courageux(euse) ;
prudent-issim-us, a, um : le/la plus prudent(e), très prudent(e).

Exceptions : les adjectifs en -er ont un superlatif en **-errimus, -errima, -errimum.**

Ex. : *pulcherrimus* : le plus beau/ très beau ;
miserrimus : le plus/ très malheureux.

Les adjectifs en -ilis ont un superlatif en **-illimus, a, um**.

Ex. *facilis* : *facillimus, a, um* : le plus/très facile.

Adverbe : radical de l'adjectif + suffixe -issim + e

Ex. : *doct-issim-e* : le plus/très savamment ;
fort-issim-e : le plus/très courageusement ;
prudent-issim-e : le plus/très courageusement.

Certains adjectifs très fréquents ont un **comparatif et un superlatif de supériorité très irréguliers.**

POSITIF	COMPARATIF	SUPERLATIF
bonus, a, um : bon	*melior, ius*	*optimus, a, um*
malus, a, um : mauvais	*pejor, -ius/jus*	*pessimus, a, um*
magnus, a, um : grand	*major, jus*	*maximus, a, um*
parvus, a, um : petit	*minor, us*	*minimus, a, um*
propinquus, a, um : proche	*propior, ius*	*proximus, a, um*
multi, æ, a : nombreux	*plures, es, a*	plurimi, æ, a

c) Formation des comparatifs d'égalité et d'infériorité et du superlatif d'infériorité

On place tout simplement devant l'adjectif – ou l'adverbe – un adverbe de quantité :

Tam : aussi
tam doctus : aussi savant
tam docte : aussi savamment

Minus : moins
minus doctus : moins savant
minus docte : moins savamment

Minime : le moins
minime doctus : le moins savant
minime docte : le moins savamment

2) Compléments du comparatif et du superlatif

a) Le comparatif :

– suivi d'un complément à l'**ablatif** ou introduit par ***quam*** : plus... que

Ex. : *Paulus doctior est quam Petrus/*
Paulus doctior est Petro.
Paul est plus savant que Pierre.

– employé seul, il signifie : assez/plus/trop

Ex. : *Paulus doctior est.*
Paul est assez/ plus/ trop savant.

b) Le superlatif :

– suivi d'un complément au génitif ou de *ex* + ablatif : le plus... de

Ex. : *Paulus doctissimus omnium est/*
Paulus doctissimus ex omnibus est.
Paul est le plus savant de tous.

VOCABULAIRE

Il nous paraît intéressant de reprendre certains adjectifs, déjà étudiés, à leurs divers degrés pour voir à quel point ils ont enrichi notre langue :

Bonus : bon
Melior : meilleur > a**mélior**er, a**mélior**ation, **mélior**atif
Optimus : très bien, le mieux > **optimum**, **optim**isme, **optimiste**, **optim**iser, **optim**al.
Bene : bien (adverbe irrégulier) > **bén**éfice, **bén**édicité, **bén**édiction, **Bén**édicte
Malus : mauvais
Pejor : pire, plus mauvais > **péj**oratif, **péj**oration, **péj**orativement
Pessimus : le pire, le plus mauvais > **pessim**iste, **pessim**isme
Male : mal > **mal**éfice, **mal**édiction, **mal**heur

Magnus : grand
Major : plus grand > **maj**eur, **maj**orité, **maj**orer, majoration
Maximus : très grand, le plus grand > **maximum**, **maxim**al, **Maxime**
Minimus : très petit, le plus petit > **minimum**, **minim**iser, **minime**, **minim**al, **minim**aliste

Multi : nombreux > **multi**ple, **multi**plier, **multi**plication, **multi**plicateur
Plures : plus nombreux > **plur**iel, **plur**alité

CIVILISATION : *DOMUS* ET *INSULAE*

Domus

À l'origine simple hutte légèrement ovale, la maison romaine traditionnelle s'est peu à peu modifiée par l'emploi de la pierre et sous l'influence des Étrusques.

La *domus* traditionnelle présente en effet un plan rectangulaire et est tout entière tournée vers l'intérieur. L'unique ouverture sur l'extérieur se fait par la porte d'entrée. Elle ne possède généralement qu'un étage. Elle s'organise autour d'une cour centrale (***l'atrium***), sorte de *patio*, couvert d'un toit à double pente, ouvert au milieu en carré donnant sur un bassin destiné à recueillir les eaux de pluie (***l'impluvium***).

L'*atrium* sert à la fois de cuisine et de salle à manger « ordinaire » mais représente aussi une source de lumière et d'eau.

Les chambres à coucher (***cubicula***) sont très « monacales ». Séparées de l'*atrium* par un simple rideau ou une cloison coulissante, elles sont petites et très peu meublées : un coffre pour ranger les vêtements et un lit constitué d'un cadre en bois recouvert d'un matelas.

Le *dominus* travaille dans un bureau fermé par des portes coulissantes : le ***tablinum***.

Sous l'influence grecque cette maison se dédouble. À la partie ancienne, autour de l'*atrium*, s'ajoute, au-delà du *tablinum*, un ensemble centré autour du ***péristyle*** (galerie rectangulaire entourée de colonnes), formant ainsi un second *atrium* qui ouvre sur un jardin intérieur, embelli d'un bassin.

La partie ancienne est réservée aux réceptions officielles, la plus récente constitue les appartements privés.

On s'éclaire grâce à des chandelles de suif ou de cire. On utilise aussi des lampes à huile.

On fait la cuisine et on se chauffe avec des braseros, source d'incendies fréquents !

Insulae (< *insula, æ*, f. : l'île ; mais désigne aussi un immeuble ou groupement d'immeubles > îlot)

Les gens peu fortunés ou pauvres habitent dans des immeubles de rapport : les *insulæ*. Ces bâtiments en brique peuvent atteindre jusqu'à sept étages. Ils sont souvent très inconfortables, voire insalubres : il n'y a ni eau ni chauffage, très peu de lumière (seulement celle qui parvient de la cour centrale).

Le rez-de-chaussée est loué à des artisans ou à des commerçants.

Il existe cependant quelques immeubles résidentiels, à Ostie notamment, décorés de fresques, pourvus de balcons et de jardins agrémentés de fontaines.

ENTRAÎNEMENT

Version

Cæsar et Pompeius (Pompée) *maximi imperatores* Romani erant.*

* *imperator, oris*, m. : général en chef.

Fortissimi e militibus dona** semper habebant.*

*e = *ex* ; *ex* devant voyelle, e devant consonne ;

** *donum, i,* n. : le don, le cadeau.

Trouver des mots français utilisant le suffixe -issime.

Mettre l'adjectif au comparatif et au superlatif de supériorité dans les expressions suivantes :

Fortis miles.
Magnum templum.
Boni amici.
Levis vox.
Misera vita.

VIII

« Desinit in piscem[1]. »

Indicatif présent actif et passif des 3e et 4e conjugaisons : lego, capio, audio
Un verbe irrégulier : *fero* et ses composés

TEXTE D'ÉTUDE

Les embarras de Rome, extrait des *Satires*, Juvénal

Nos urbem ***colimus*** *tenui tibicine fultam*
magna parte sui ; nam sic labentibus obstat
vilicus et, veteris rimœ cum texit hiatum,
securos pendente jubet dormire ruina.
Vivendum est illic ubi nulla incendia, nulli
Nocte metus. Jam ***poscit*** *aquam, jam frivola* ***transfert***
Ucalegon, tabulata tibi jam tertia fumant :
Tu ***nescis*** *; nam si gradibus trepidatur ab imis,*
Ultimus ardebit quem tegula sola ***tuetur***
A pluvia, molles ubi ***reddunt*** *ova columbœ.*

1. « Elle finit en queue de poisson. » Mots employés par le poète Horace pour comparer une œuvre d'art inachevée à une femme qui se terminerait… en queue de poisson. Désigne une chose dont la fin n'a pas de rapport avec le commencement.

TRADUCTION

« Nous, **nous habitons** une ville étayée, dans sa majeure partie, par de minces supports ; car c'est ainsi que le propriétaire répare les effondrements, et quand il a bouché la fente d'une vieille fissure, il nous dit de dormir tranquilles sous la menace de chutes ! Il nous faut vivre là où ne règnent ni incendies, ni alertes nocturnes. Déjà **il demande** de l'eau, déjà **il déménage** sa camelote, Ucalégon, déjà son troisième étage fume, et toi, **tu n'en sais rien** ; car, si on s'affole depuis le fond du rez-de-chaussée, le dernier à rôtir sera celui qu'une seule tuile **protège** de la pluie, là où les douces colombes **pondent** leurs œufs. »

OBSERVATIONS

Les mots en caractères gras sont des verbes. Leurs désinences vous sont déjà familières depuis le chapitre I. Vous ignorez, en revanche, encore leurs conjugaisons que seule la connaissance des trois premiers temps primitifs pourra vous aider à identifier. Les voici :

Colo, is, ere : cultiver, honorer, habiter.
Posco, is, ere : demander, réclamer.
Transfero, *transfers, transferre* : transférer, déménager **(verbe irrégulier)**.
Nescio, is, ire : ignorer, ne pas savoir (cet infinitif en -ire indique que le verbe appartient à la 4e conjugaison).

Remarque :

Certains verbes ont un infinitif en -ere déjà rencontré à la 2e conjugaison mais la 2e pers. du sing. est en -is, il s'agit donc d'une nouvelle conjugaison : la 3e.

Tueor, eris, eri, tuitus sum : avoir les yeux sur, regarder, avoir l'œil à, veiller sur, protéger.

Ce verbe est un **verbe déponent**, c'est-à-dire un verbe qui **se conjugue à la voix passive** mais qui a un **sens actif**.

Reddo, is, ere, reddidi, redditum : rendre ; faire sortir (ici : faire sortir des œufs donc pondre).

LEÇON

1) Indicatif présent de la 3e conjugaison normale

Radical (consonantique) **+ voyelle o/i/u,** selon la pers. (*cf.* **tableau) + désinences actives/passives**

2) Indicatif présent de la 3e conjugaison mixte

Le texte ne donne pas d'exemple de **la 3e** conjugaison dite **mixte** dont le modèle est : ***capio, is, ere* (prendre)**. On le voit, cette conjugaison a **l'infinitif en -ere**, comme la 3e normale, mais la **première personne** du **singulier en -io** comme la 4e conjugaison selon laquelle elle se conjugue.

▲ *Il faut donc bien regarder les temps primitifs du verbe pour bien le classer dans sa bonne conjugaison !*

3) Indicatif présent de la 4e conjugaison

nescio appartient à la 4e conjugaison dont le **radical** est terminé par un **-i long** et **l'infinitif** en **-ire.**

Radical (vocalique en -i) **+ désinences actives/passives**

3e CONJUGAISON	3e MIXTE	4e CONJUGAISON
*Leg-**o**/leg-o-**r***	*Cap-i-**o**/cap-i-o-**r***	*Audi-**o**/audi-o-**r***
*Leg-i-**s**/leg-e-**ris***	*Cap-i-**s**/cap-e-**ris***	*Audi-**s**/audi-**ris***
*Leg-i-**t**/leg-i-**tur***	*Cap-i-**t**/cap-i-**tur***	*Audi-**t**/audi-**tur***
*Leg-i-**mus**/leg-i-**mur***	*Cap-i-**mus**/cap-i-**mur***	*Audi-**mus**/audi-**mur***
*Leg-i-**tis**/leg-i-**mini***	*Cap-i-**tis**/cap-i-**mini***	*Audi-**tis**/audi-**mini***
*Leg-u-**nt**/leg-u-**ntur***	*Cap-i-u-**nt**-/cap-i-u-**ntur***	*Audiu-**nt**/audi-u-**ntur***

Remarque :

Ces 3e et 4e conjugaisons se conjuguent avec les mêmes désinences que les deux premières, à l'actif comme au passif. Seule difficulté : la voyelle -i bref du radical de la 3e mixte (*capio*) devient -e devant un -r.

Ex. : *capi-s* : tu prends ; *cape-ris* : tu es pris.

4) Verbe irrégulier *transfero*, composé de *fero* (porter)

Voici la conjugaison irrégulière de *fero* ; ses composés se conjuguent exactement comme lui après le préverbe invariable.

Fero : je porte	*feror* : je suis porté(e)
Fers : tu portes	*ferris* : tu es porté(e)
Fert : il/elle porte	*fertur* : il/elle est porté(e)
Ferimus : nous portons	*ferimur* : nous sommes porté(e)s
Fertis : vous portez	*ferimini* : vous êtes porté(e)s
Ferunt : ils/elles portent	*feruntur* : ils/elles sont porté(e)s

VOCABULAIRE

Se conjuguent sur *lego, is, ere*
Cedo, is, ere : s'avancer,
céder devant qqn + datif
Curro, is, ere : courir
Disco, is, ere : apprendre
Lego, is, ere : lire
Ludo, is, ere : jouer > *cf. ludus* chap. III
Scribo, is, ere : écrire > scribe
Vinco, is, ere : vaincre
Vivo, is, ere : vivre > vivant, vivace/-cité, vif(vive)

Se conjuguent sur *audio, is, ire*
sentio, is, ire : sentir
venio, is, ire : venir

Se conjuguent sur *capio*
Accipio, is, ere : recevoir
Facio, is, ere : faire

Mots invariables
Aliquando : parfois
Sœpe : souvent
Tum/tunc : alors
Vel : ou bien

Civilisation : Rome, la ville aux sept collines et aux sept rois

Une situation géographique mitigée

Fondée, selon la légende, par Romulus, au beau milieu de la plaine agricole du Latium, sur le Tibre et sur les pentes de **sept collines*** qui lui assurent une **solide position défensive**, Rome présente des conditions géographiques naturelles remarquables. Sa situation au cœur de l'Italie en fait un **véritable carrefour économique et stratégique**.

Pourtant ces conditions géographiques naturelles favorables présentent quelques inconvénients sérieux. L'eau qui dévale des collines stagne à leur pied, rendant ainsi totalement insalubre la ville basse. La malaria s'y répand, régulière et meurtrière. Le creusement du premier grand égout, la ***cloaca maxima***, qui traverse le forum à ciel ouvert, améliore un peu la situation mais est loin de la résoudre, surtout en été où la chaleur étouffante l'aggrave. Et pour couronner le tout, il faut ajouter les crues du Tibre, les tremblements de terre et l'anarchie de l'urbanisme : la Ville n'est qu'un enchevêtrement de maisons individuelles (*domus*), d'immeubles (*insulœ*), d'édifices publics et de voies, contrairement, paradoxalement, aux villes du reste de la Péninsule au plan régulier de pâtés de maisons qui se coupent à angle droit.

* Les sept collines sont le Palatin, l'Aventin, l'Esquilin, le Capitole, le Cælius, le Quirinal et le Viminal.

Des débuts royaux mais maudits !

De 753 av. J.-C. (date de la fondation légendaire de Rome) à 509 av. J.-C. (naissance de la République romaine), sept rois se sont succédés, tour à tour romains, sabins et étrusques, assurant le rôle de prêtres, de guerriers et d'administrateurs.

Romulus : fondateur romain de Rome.

Numa Pompilius : Sabin, donne à la cité ses institutions et ses lois religieuses. Roi-prêtre. Il meurt de maladie.

Tullus Hostilius : Romain, auteur de la guerre sanglante entre Rome et Albe. Roi-guerrier. Il meurt foudroyé avec toute sa maison.

Ancus Martius : Romain, fait construire le pont Sublicius sur le Tibre et le port d'Ostie. Roi-administrateur. Il meurt de maladie.

Tarquin l'Ancien : Étrusque, comme désormais tous ses successeurs, arrivé au pouvoir après avoir écarté les fils d'Ancus. Il meurt assassiné par eux !

Servius Tullius : fondateur de la première enceinte de Rome. Il classe les citoyens selon leur fortune. Il meurt assassiné par son gendre !

Tarquin le Superbe : arrivé au pouvoir après avoir assassiné son beau-père, il règne avec une telle cruauté qu'il conduit les Romains à le chasser du trône et à jeter les fondements de la République. Dès lors, les Romains ne voudront plus jamais entendre parler de royauté !

• Moyen mnémotechnique pour retenir dans l'ordre les noms des rois de Rome : formule magique constituée du début de chacun de leur nom : « RoNuTuAnTarSerTar. »

ENTRAÎNEMENT

Version

Magister triginta (trente) *discipulos docet. Discipuli sœpe audiunt, aliquando somniant* (*somnio, as, are* : rêver) *vel garriunt* (*garrio, is, ire* : bavarder). *Magister interrogat et studiosi discipuli respondent. Brutus autem discipulus ignavus est, libros* (*suos*) *non habet et male recitat. Tum magister Brutum punit* (*punio, is, ire* : punir) *quia studiose* (avec application) *non laboravit* (parfait de *laboro, as, are* : traduire par le passé composé).

IX

« In cauda venenum[1]. »

Indicatif imparfait actif et passif des 3e et 4e conjugaisons
Indicatif imparfait des verbes irréguliers
***eo* et *fero* et de leurs composés**

TEXTE D'ÉTUDE
Désespoir d'un soldat mutilé

Militibus qui in pugna fortissime pugnaverant imperator dixit : « Si quis vestrum aliquod præmium cupit, ei libenter dabo. » Milites læti ea quæ ardentissime ***cupiebant*** *petiverunt, alii torques aureos, alii scuta, alii gladios. At miles quidam nihil* ***petebat****. « Cur nihil rogitas ? dixit dux. – Vide, respondit miles, in pugna mihi manus obstruncta est. Jam neque pugnare, neque laborare possum. Mortem appeto. »*

TRADUCTION

« Aux soldats qui au cours d'une bataille avaient combattu très courageusement le général dit : "Si l'un de vous désire une récompense, je la lui donnerai volontiers." Les soldats heureux réclamèrent ce qu'ils **désiraient** ardemment : qui

1. « Le venin est dans la queue. » Se dit d'un discours élogieux qui se termine par une vive critique.

des colliers en or, qui des boucliers, qui des glaives. Mais un soldat ne **demandait** rien. “Pourquoi tu ne réclames rien ? dit le chef. – Regarde, répondit le soldat, ma main a été coupée au combat. Je ne peux plus ni combattre ni travailler. Je désire mourir.” »

Observations

Les deux verbes en caractères gras sont à l'imparfait de l'indicatif ; on reconnaît le suffixe -ba-, suivi des désinences -nt et -t de la 3e personne du pluriel et du singulier.

Ces verbes appartiennent respectivement à la 3e conjugaison mixte, *cupiebant*, et normale, *petebat*.

Leçon

1) Indicatif imparfait des 3e et 4e conjugaisons

Radical du verbe + suffixe **-eba- + désinences** actives ou passives

Ex. : *leg-eba-m, ba-s, ba-t, ba-mus, ba-tis, ba-nt* : je lisais ;
capi-eba-m, ba-s, ba-t, ba-mus, ba-tis, ba-nt : je prenais ;
audi-eba-m, ba-s, ba-t, ba-mus, ba-tis, ba-nt : j'écoutais.

2) Imparfait des verbes irréguliers

En fait, à ce temps, ils présentent une conjugaison régulière.

Eo, is, ire : aller	*i-ba-m* : j'allais
Ses composés :	
Abeo, is, ire : s'éloigner de, s'en aller	*abibam* : je m'éloignais de
Adeo, is, ire : aller vers ; aborder	*adibam* : j'allais vers
Exeo, is, ire : sortir de	*exibam* : je sortais de
Pereo, is, ire : mourir	*peribam* : je mourais
Transeo, is, ire : traverser	*transibam* : je traversais

Fero, fers, ferre : porter	*fere-ba-m* : je portais
Ses composés :	
Adfero, fers, ferre : apporter	*adferebam* : j'apportais
Aufero, fers, ferre : emporter	*auferebam* : j'emportais
Confero, fers, ferre : porter, supporter	*conferebam* : je supportais
Transfero, fers, ferre : transporter	*transferebam* : je transportais

Vocabulaire

cupio, is, ere : désirer
cur : pourquoi
fugio, is, ere : fuir
imperator, oris, m. : le général en chef
incipio, is, ere : commencer
jam : déjà, désormais, maintenant
***laet**us, a, um* : heureux, joyeux > **Laetitia**
neque... neque : ni... ni
non solum/tantum... sed etiam : non seulement... mais encore
peto, is, ere : demander, chercher à obtenir
***præm**ium, ii*, n. : la récompense > **prime**, **prim**er
***pugn**a, ae*, f. : le combat, la bataille > **pugn**ace, **pugn**acité
rapio, is, ere : enlever
reperio, is, ere : trouver
sentio, is, ire : sentir : se rendre compte

Civilisation : l'armée romaine

À l'époque royale, elle n'est composée que **d'hommes d'origine patricienne. Sous** le règne de **Servius Tullius**, la population est divisée en **cinq classes selon la fortune**.

À la fin du IIe siècle av. J.-C., la réforme **de Marius** permet aux citoyens **pauvres** d'accéder au **métier des armes**. La cavalerie devient un corps spécialisé qui n'est plus réservé aux riches et les légionnaires reçoivent un armement uniforme.

La légion

Chaque **légion** est constituée de **6000 fantassins** et de **dix cohortes.** Chaque **cohorte** comprend à son tour **trois manipules**, répartis en *hastati*, en première ligne, *principes* en deuxième ligne, *triarii*, en troisième ligne. Chaque manipule comprend **deux centuries.**

Une légion est secondée par la cavalerie (*equitatus*) et des corps auxiliaires recrutés chez les alliés de Rome en Italie et hors de l'Italie.

Le commandement est assuré par six **tribuns** : trois élus par le peuple, trois par le chef de l'armée (consul ou préteur) souvent plus pour leur origine sociale ou pour des raisons politiques que pour leur valeur personnelle. De plus en plus, ce sont des *legati* (lieutenants) qui sont chargés du commandement par le général en chef.

Tous sont des officiers supérieurs. *Centuriones* et *principales* sont les sous-officiers.

Entraînement

Classer les verbes de la rubrique « Vocabulaire » en trois colonnes selon qu'ils appartiennent à la 3e conjugaison normale, mixte ou à la 4e.

Thème

À l'école, non seulement les enfants lisaient, écrivaient, apprenaient beaucoup* de choses mais encore ils jouaient volontiers.

* beaucoup de choses : *multa* (adjectif substantivé au neutre pluriel).

X

« In vino veritas[1]*. »*

Indicatif futur simple actif et passif des quatre conjugaisons
Indicatif futur simple de *sum, eo, fero* et de leurs composés
Le complément d'agent

TEXTE D'ÉTUDE

Quenelle, recette d'Apicius (Ier s. apr. J.-C.)

Adjicies *in mortarium piper, origanum, fricabis,* ***suffundes*** *liquamen,* ***adjicies*** *cerebella cocta,* ***teres*** *diligenter.* [...]

Adjicies *ova quinque et* ***dissolves*** *diligenter. Liquamine temperas et* ***coques.***

Cum coctum fuerit, [...] *tesselas* ***concides***. [...]

Mittes *in caccabum,* ***facies*** *ut fervat.*

Cum ferbuerit ; tactum ***confringes, coagitabis*** ;

Piper ***asperges*** *et* ***appones.***

TRADUCTION

« Tu **ajouteras** dans un mortier du poivre, de l'origan ; tu les **pileras**, tu **verseras** du garum, tu **ajouteras** de petites cervelles cuites, tu **broieras** le tout avec soin [...] Tu **ajouteras** cinq œufs et tu les **battras** soigneusement. Tu les **mélangeras** avec du

1. « La vérité est dans le vin. » Traduction d'un adage de Platon, *Le Banquet*.

garum et tu les **feras cuire**. Quand la préparation sera cuite, [...] tu la **couperas** en dés. [...] Tu la **mettras** dans une marmite, tu **feras bouillir**. Quand cela aura bouilli, tu **émietteras** de la pâte, tu **remueras**. Tu **verseras** du poivre et tu **serviras**.»

Observations

Dans tous les verbes en gras, on reconnaît la désinence -s de la 2e personne du singulier, de la voix active. On remarque par ailleurs que cette désinence est précédée tantôt d'un -e-, tantôt d'un -ie-, tantôt de -bi-. La traduction nous précise qu'il s'agit de verbes conjugués au futur simple. On voit donc qu'il y a plusieurs formations de ce temps.

Leçon

1) Indicatif futur simple

Verbes des deux premières conjugaisons:

> **Radical** du verbe + **suffixe** -b- (1re pers. du sing.), -bi-, -bu- (3e pers. du pl.) + **désinences actives/passives**

Ex.: *ama-b-o, ama-bi-s, ama-bi-t, ama-bi-mus, ama-bi-tis, ama-bu-nt*: j'aimerai...
mone-b-or, mone-be-ris, mone-bi-tur, mone-bi-mur, mone-bi-mini, mone-bu-ntur: je serai averti(e)...

Verbes des 3e conjugaisons, **normale** et **mixte** et de la 4e:

> **Radical** du présent + **suffixe -a-** (1re pers. du sing.) ou -e- pour les autres + **désinences actives/passives**

Ex.: *mitt-a-m, mitt-e-s, mitt-e-t, mitt-e-mus, mitt-e-tis, mitt-e-nt*: j'enverrai...
capi-a-m, capi-e-s, capi-e-t, capi-e-mus, capi-e-tis, capi-e-nt: je prendrai...
audi-a-r, audi-e-ris, audi-e-tur, audi-e-mur, audi-e-mini, audi-e-ntur: je serai entendu(e)...

Futur de *sum* et de ses composés :
er-o, er-i-s, er-i-t, er-i-mus, er-i-tis, er-u-nt : je serai...
ad-ero : j'assisterai à, je serai présent...

Futur de *eo* et *fero* et de leurs composés :
i-b-o, i-bi-s, i-bi-t, i-bi-mus, i-bi-tis, i-bu-nt : j'irai...
fer-a-m, fer-e-s, fer-e-t, fer-e-mus, fer-e-tis, fer-e-nt : je porterai...

2) Le complément d'agent (complément d'un verbe à la voix passive) se met à **l'ablatif** :

– **précédé de la préposition *a(b)*** s'il s'agit d'un nom **de personne.**

Ex. : Le soldat est blessé par l'ennemi : *Miles* ***ab hoste*** *vulneratur.*

– à l'**ablatif seul** s'il s'agit d'une **chose** (= complément de moyen).

Ex. : Le soldat est blessé par une flèche : *Miles* ***sagitta*** *vulneratur.*

Vocabulaire

Adjicio, is, ere : ajouter, mettre
Ala, æ, f. : l'aile de la maison, le couloir
Atrium, i, n. : l'atrium (cour intérieure)
Concido, is, ere : couper
Coquo, is, ere : cuire
Cubiculum, i, n. : la chambre
Culina, æ, f. : la cuisine > culinaire
Facio, is, ere : faire
Ferveo, es, ere : bouillir
Impluvium, i, n. : le bassin (pour recueillir l'eau de pluie)
Janua, æ, f. : la porte d'entrée > **jan**vier, **Jan**us
Mitto, is, ere : envoyer
Peristylum, i, n. : le péristyle, le portique
Serv*us, i*, m. : l'esclave (au fém. : serva, æ) > **serv**ice, **servi**tude, as**serv**ir, as**serv**issement
Tablinum, i, n. : le bureau
Triclinium, i, n. : la salle à manger

Civilisation : les repas

Au IIe siècle av. J.-C., après les conquêtes, les Romains vont manger plus et mieux. Ils prennent alors trois repas par jour :

le ***jentaculum*** : petit déjeuner pris au lever et constitué de pain et de fromage. Les enfants emportent quelques biscuits à l'école ;

le ***prandium*** : repas sur le pouce, vers midi, composé de viande froide ou de poisson, de fruits, de vin ;

la ***cena*** : ce dîner commencé au milieu de l'après-midi, après le travail, peut se poursuivre jusque tard dans la nuit. Chez les riches, il est l'occasion d'un véritable festin comportant trois services. Il a lieu dans le *triclinium*, salle à manger, sur des lits à trois places où l'on s'allonge. On mange avec les doigts et des esclaves veillent au bien-être des convives. Les mets sont accompagnés des meilleurs vins de Campanie ou de Grèce.

Les gens du peuple consomment essentiellement des légumes : fèves, lentilles, navets, du poisson salé, des olives, du fromage.

Deux cuisiniers sont particulièrement célèbres : **Apicius** et **Lucullus**.

Entraînement

Version

Iter per Alpes facillimum omnium erit.*

**per* + acc. : à travers, par, au moyen de.

Mettre les verbes suivants au futur simple, à la personne et à la voix auxquelles ils sont conjugués au présent :

mittuntur; videor; capitur; audimus; sumus; laboratis; habent; absunt.

XI

« Mens sana in corpore sano[1]*. »*

4e déclinaison : *manus* et *cornu*
5e déclinaison : *res*
Compléments de lieu

TEXTE D'ÉTUDE
Les sens, la pensée

Homines oculis vident, auribus audiunt, lingua et palato gustant, naso sentiunt, tanguntque ***manibus*** *et pelle :* ***visus, auditus, gustus, odoratus*** *et* ***tactus*** *quinque sunt humani* ***sensus****. Attamen res quœdam neque oculis neque auribus neque ullo sensu percipi possunt, verbi gratia : justitia, bonitas, virtus.*

TRADUCTION

« Les hommes voient avec les yeux, entendent avec les oreilles, goûtent avec la langue et le palais, touchent avec **les mains** et la peau : **la vue, l'ouïe, le goût, l'odorat** et **le toucher** sont les cinq **sens** de l'homme. Cependant certaines **choses** ne peuvent être perçues ni par les yeux, ni par les oreilles, ni

1. « Un esprit sain dans un corps sain. » Maxime de Juvénal (*Satires*, X, 356).

par aucun **sens**, mais grâce à la parole : la justice, la bonté, le courage. »

OBSERVATIONS

Les noms en caractères gras dans le texte en latin présentent des désinences déjà rencontrées :

- ***ibus*** : dat./abl. pl., 3e déclinaison ;
- ***us*** : nom. sing. masc./fém., 2e et 4e déclinaison ;
- ***es*** : nom./voc./acc. masc./fém. pl., 3e déclinaison.

Mais si l'on observe le nom *sensus* (ligne 3), repris sous la forme *sensu* (ligne 4), on voit bien que cette désinence n'a pas encore été vue, donc que ce nom n'appartient pas à la 2e déclinaison comme on aurait pu le supposer jusque-là. Cela prouve bien qu'il est indispensable de connaître le nom. sing. mais aussi – et surtout – le gén. sing. d'un nom pour être sûr de sa déclinaison.

Tous les mots en gras appartiennent à la 4e déclinaison, à l'exception de *res* qui appartient à la 5e.

LEÇON

1) 4e déclinaison

MASCULIN/FÉMININ		NEUTRE	
Singulier	Pluriel	Singulier	Pluriel
*Man-**us***	*Man-**us***	*Corn-**u***	*Cornu-**a***
*Man-**us***	*Man-**us***	*Corn-**u***	*Cornu-**a***
*Man-**um***	*Man-**us***	*Corn-**u***	*Cornu-**a***
*Man-**us***	*Man-**uum***	*Corn-**us***	*Cornu-**um***
*Man-**ui***	*Man-**ibus***	*Corn-**ui***	*Corn-**ibus***
*Man-**u***	*Man-**ibus***	*Corn-**u***	*Corn-**ibus***

Remarque :

Les noms, peu nombreux, sont **essentiellement masculins** (**six** seulement sont **féminins***) et **quelques-uns neutres**.

*Les noms féminins sont *idus, tribus, acus, porticus, domus, manus.*

• Moyen mnémotechnique : « Aux ides, la tribu "Aiguille" s'accroche au portique de la maison par la main. »

Un nom présente **une déclinaison particulière** : ***domus, us, f.*** (la maison). Il a en effet des formes empruntées à la 2e déclinaison :

SINGULIER	PLURIEL
Dom-us	*Dom-us*
Dom-us	*Dom-us*
Dom-um	*Dom-us/ dom-os*
Dom-us	*Dom-**uum**/ dom-**orum***
Dom-ui	*Dom-ibus*
Dom-o	*Dom-ibus*

Domi : à la maison ; chez moi/toi/lui/elle/nous/vous/eux/elles.

2) 5e déclinaison

Elle comprend des noms **exclusivement féminins. Seul *dies, diei*** (le jour) est toujours **masculin au pluriel** quand il s'oppose à la nuit, mais est féminin quand il désigne un moment précis. **Aucun** nom **neutre.**

Res, rei (la chose) s'adjoint parfois un adjectif qui en précise le sens :

Ex. : *res publica* (ou *respublica*), dans les deux cas, chaque élément se décline. Le gén. sing. est donc : *rei publicæ/ reipublicæ*. Cette expression signifie : la chose publique, l'État, la république, le gouvernement ; *res adversæ* : l'adversité.

SINGULIER	PLURIEL
*R-**es***	*R-**es***
*R-**es***	*R-**es***
*R-**em***	*R-es*
*R-**ei***	*R-**erum***
*R-**ei***	*R-**ebus***
*R-**e***	*R-**ebus***

3) Compléments de lieu

QUESTION	UBI ?	QUO ?	UNDE ?	QUA ?
complément **avec** préposition	***Sum in horto***. Je suis **dans** le jardin.	***Eo in hortum***. Je vais dans le jardin.	***Redeo ex horto***. Je reviens du jardin.	***Iter facio per hortum***. Je traverse le jardin.
complément **sans** préposition	***Athenis*** : à Athènes ; ***Romae*** : à Rome ; ***ruri, domi, humi*** : à la campagne, à la maison, à terre.	***Athenas*** : à Athènes ; ***Romam*** : à Rome ; ***rus, domum*** : à la campagne, à la maison.	***Athenis*** : d'Athènes ; ***Roma*** : de Rome ; ***rure, domo*** : de la campagne, de la maison.	***Via Sacra*** : par la voie Sacrée.
proximité	**Sum apud patrem.** Je suis près de mon père.	**Eo ad patrem.** Je vais vers mon père.	**Discedo a Roma.** Je m'éloigne des environs de Rome.	

▲ *Observez attentivement s'il y a changement de lieu et s'il concerne un nom commun ou un nom de ville singulier ou pluriel !*

VOCABULAIRE

Ces noms de la 4e déclinaison sont tous **masculins** :
Adventus, us : l'arrivée
Arcus, us : l'arc
Currus, us : le char
Cursus, us : la course > **curs**eur, **curs**ive, **incurs**ion, **cours**ier
Exercitus, us : l'armée
Lacus, *us* : le lac > **lacus**tre
Magistrat*us*, *us* : le magistrat > **magistrat**ure
Metus, us : la crainte
Portus, *us* : le port > **portu**aire
Specus, us : la caverne

Ces noms de la 5e déclinaison sont tous féminins :

Acies, ei : la ligne de bataille

Facies, ei : le visage

Fides, ei : la loyauté, la confiance > **fidè**le, **fidé**lité, in**fidè**le, in**fidé**lité

Spes, ei : l'espoir > e**spé**rance, désе**spé**rer

CIVILISATION : LA SOCIÉTÉ ROMAINE

1) Les citoyens de plein droit

Ce sont ceux qui sont nés d'un père lui-même citoyen. De condition libre, ils jouissent de **droits civils et politiques** et sont soumis à des **devoirs** : service militaire, paiement de l'impôt. Ils se répartissent en trois classes :

La **noblesse** (*nobilitas, atis,* f.) : nobles ou patriciens des plus anciennes familles de Rome.

Les **chevaliers** (*equites, tum,* m. pl.) : bourgeoisie d'affaires.

La **plèbe** (*plebs, plebis,* f.) : artisans ou ouvriers.

2) Les citoyens de statut inférieur

Les femmes : elles n'ont pratiquement aucun droit civique ou privé. De naissance libre, elles peuvent se marier selon le ***jus conubii*** (droit de mariage). Le mariage ***cum manu*** qui les plaçait longtemps sous la tutelle de leur mari a été remplacé par le mariage ***sine manu*** qui constituait en fait une sorte d'émancipation. À la mort de leur père, devenues indépendantes, elles peuvent avoir des biens et des revenus. Sous l'Empire, elles peuvent même demander le divorce et l'obtenir.

Les affranchis : ils ne jouissent pas de droits civiques fondamentaux (éligibilité, droit de vote, droit de se marier) – seuls leurs enfants les auront – mais peuvent servir dans l'armée après les lois de Marius (93 av. J.-C.) et, sous l'Empire, pourront exercer de hautes fonctions : médecins, architectes, hauts fonctionnaires...

Les provinciaux et les étrangers : le droit de cité des habitants des villes annexées, d'abord partiel, en 42 av. J.-C., devient complet.

3) Les non-citoyens

Les esclaves : considérés comme des objets et non des êtres humains, ils n'ont aucun droit.

ENTRAÎNEMENT

Dans les noms suivants chasser l'intrus :
Magistratus, dominus, cursus, currus, specus.
Cives, consules, reges, dies, leges.

Thème

Le Pô (*Padus, i*, m.) est un fleuve de la Gaule cisalpine (*Gallia, æ*, f., *cisalpina, æ*, f.). Il sort (*profluo, is, ere*) du pied (traduire par des racines : *radix, icis*) des Alpes (*Alpes, ium*, f.), à travers l'Italie (*Italia, æ*, f.) et se jette (*influo, is, ere*) dans la mer Adriatique (*Hadriaticus, a, um*) par de nombreuses embouchures.

Version

Domi et ruri vivere amo.
Pueri per hortos e ludo redibant.

XII

« Nulla dies sine linea[1]*. »*

Temps du perfectum actif de l'indicatif : le parfait, le plus-que-parfait et le futur antérieur des quatre conjugaisons, de *sum, eo* et de leurs composés

TEXTE D'ÉTUDE

« L'éruption du Vésuve », extrait des *Lettres*, Livre VI, Pline le Jeune

Jam dies alibi, nox omnibus noctibus nigrior densiorque ; quam tamen faces multæ variaque lumina solabantur. ***Placuit*** *egredi in litus et ex proximo adspicere, ecquid jam mare admitteret ; quod adhuc vastum et adversum permanebat. Ibi super abjectum linteum recubans semel atque iterum frigidam* ***poposcit hausit****que. Deinde flammæ flammarumque prænuntius odor sulfuris et alios in fugam vertunt et excitant illum. Innitens servolis duobus* ***adsurrexit*** *et statim* ***concidit.***

1. « Pas un jour sans une ligne. » Mots attribués par Pline l'Ancien au peintre Apelle qui ne passait pas une journée sans peindre. Aujourd'hui, ils s'adressent surtout aux écrivains.

TRADUCTION

« Déjà le jour était levé partout, mais autour d'eux la nuit était plus épaisse que toute autre nuit et qu'atténuaient pourtant une foule de feux et des lumières de toutes sortes. On **résolut** d'aller sur le rivage et de voir de près s'il était maintenant possible de prendre la mer ; mais elle était encore grosse et redoutable. Là, on étendit un linge sur lequel mon oncle se coucha ; il **demanda** à plusieurs reprises de l'eau fraîche et en **but** ; ensuite les flammes et l'odeur de soufre qui les annonçait font fuir ses compagnons et le réveillent ; s'appuyant sur deux petits esclaves, il **se leva** et **retomba** aussitôt. »

OBSERVATIONS

Les verbes en gras présentent une désinence déjà maintes fois rencontrée : celle de la 3e pers. du sing. La traduction permet de voir par ailleurs qu'il s'agit du passé simple. Le « i » qui précède le -t n'appartient pas au radical, contrairement aux apparences.

Les temps du perfectum ont un radical différent de celui de l'infectum.

LEÇON : LE PERFECTUM ACTIF

1) Le parfait : 4e temps primitif, il s'apprend par cœur, son radical étant en effet souvent très éloigné de celui de l'infectum et, la plupart du temps, totalement indépendant de la conjugaison à laquelle il appartient. À ce radical, obtenu en ôtant la désinence -i de la 1re pers. du sing., on ajoute les désinences :

Ex. : ***amav-i, -isti, -it, -imus, -istis, -erunt/-ere***

Ex. : *amo, as, are,* ***avi****, atum* : j'aimai/j'ai aimé/j'eus aimé ;
deleo, es, ere, **delevi**, deletum : je détruisis/j'ai détruit/j'eus détruit ;
lego, is, ere, ***legi****, lectum* : je lis/j'ai lu/j'eus lu ;
audio, is, ire, ***audivi/audii****, auditum* : j'entendis/j'ai entendu/j'eus entendu ;
capio, is, ere, ***cepi****, captum* : je pris/j'ai pris/j'eus pris.

sum, es, esse, ***fui*** (pas de supin) : être.
Formation identique pour ses composés :
*ad**fui**, de**fui**, pro**fui**, prae**fui**, ob**fui***.
Exceptions : *a**fui*** (et non : abfui) ; *po**tui**; pro**fui***.
Eo**, is, ire,* ***ivi/ii : formation identique pour ses **composés** (toutefois ils n'ont que le parfait en -ii).

Voici les quatre types de radicaux les plus courants au parfait :

Suffixe -v-	*amav-i/delev-i/audiv-i* : j'ai aimé/détruit/entendu ;
Suffixe -u-	*debu-i* : j'ai dû ;
Suffixe -s-	*dix-i < *dic-s-i* : j'ai dit ;
Redoublement	*ded-i* : j'ai donné.

Le parfait indique **une action passée** et **achevée** ; il se traduit en français par le passé simple (à l'écrit surtout), le passé composé ou, plus rarement, le passé antérieur.

2) Le plus-que-parfait

Radical du parfait + imparfait de *sum* **:** ***eram, eras, erat...***

Ex. : *amaveram, eras, erat* : j'avais aimé...
fueram : j'avais été...
ieram : j'étais allé(e)...

3) Le futur antérieur

Radical du parfait + futur simple de *sum* **:** ***ero, eris, erit, erimus, eritis, erint***

▲ *La 3e pers. du pl. est* -int *et non* -unt (amaverint : *ils auront aimé*).
Ex. : *cepero, eris, erit...* : j'aurai entendu...
legero, eris, erit... : j'aurai lu...
potero, eris, erit... : j'aurai pu...

Remarque :

À partir de cette leçon, tous les temps primitifs des verbes seront notés, même le supin, très productif quant à la formation des substantifs français.

Vocabulaire

ambulo, as, are, ambulavi, ***ambulat****um* : se promener > **ambulat**oire, dé**ambulat**oire, dé**ambulat**ion, **ambula**nce/-cier
do, as, are, dedi, ***dat****um* : donner > **dat**if
doceo, es, ere, docui, ***doct****um* : enseigner, instruire > **doct**e, **doct**eur, **doct**orat, **doct**rine
exerceo, es, ere, exercui, ***exerc****itum* : s'**exerc**er
moneo, es, ere, monui, ***monit****um* : conseiller, avertir > **monit**eur, pré**monit**ion, pré**monit**oire
servo, as, are, servavi, ***servat****um* : observer > ob**servat**ion, ob**servat**eur, ob**servat**oire
specto, as, are, spectavi, ***spectat****um* : regarder > **spectat**eur, ex**pectat**ive
teneo, es, ere, tenui, ***tent****um* : tenir > **tent**ation, **tent**er, **tent**ateur
video, es, ere, vidi, ***vis****um* : voir > (pré)**vis**ion(-nel)/(-niste), **vis**uel, **vis**ualiser, **vis**ualisation, **vis**ée
vinco, is, ere, vici, ***vict****um* : vaincre > **vict**oire, **vict**orieux, **vict**ime, **Vict**oire, **Vict**or/-ine, **Vict**oria

Civilisation : les thermes

Apparus dès le IIe siècle av. J.-C., sous l'influence de la Grèce, ces établissements de bains publics vont connaître un succès sans cesse grandissant, surtout sous l'Empire où l'on en comptera plus d'un millier !

Chaque ville, même d'importance modeste, possède ses thermes. Ceux-ci ne sont d'ailleurs pas uniquement des **bains publics** mais un **lieu de rencontres** amicales ou professionnelles. On y trouvait des bibliothèques, des boutiques de toutes sortes, des tavernes, des gymnases, des piscines. C'est un lieu de vie très animé.

On s'y rend généralement l'après-midi, au début une fois par semaine, puis un peu plus fréquemment jusqu'à ce que l'on s'y rende quotidiennement.

Le parcours habituel est le suivant :

Si l'on est courageux, on commence par transpirer pour éliminer les toxines, en faisant des exercices dans la ***palestre*** (gymnase) ; sinon, on transpire dans le ***sudatorium***, sorte d'étuve.

Après avoir déposé ses vêtements dans le vestiaire : l'***apodyterium***, on entre dans le ***caldarium*** (bain chaud). On prend de l'eau dans le ***labrum*** : sorte de vasque, ou bien on se trempe dans une piscine, l'***alveus***. Puis, on élimine les peaux ramollies par la chaleur à l'aide d'une sorte de racloir : le ***strigile***.

Ensuite, on passe dans le ***tepidarium***, bain tiède qui sert de transition avant d'entrer dans le ***frigidarium*** : bain froid pour raffermir le corps.

Enfin, on peut se faire masser, épiler (y compris les hommes) et parfumer.

Ainsi « remis à neuf », on est prêt pour passer une bonne soirée !

La décoration de ces établissements est souvent magnifique ; on y trouve des marbres et des mosaïques, évoquant bien sûr principalement des thèmes aquatiques, somptueux.

On peut voir à Rome les vestiges impressionnants des **thermes de Caracalla**.

ENTRAÎNEMENT

Version

Le pêcheur et les poissons

Piscator (piscator, oris, m. : le pêcheur) *stultus* (*stultus, a, um* : sot) *cum retibus* (*rete, is*, n. : le filet) *et tibiis* (*tibia*, œ, f. : flûte) *ad mare venerat. In mari erat rupes (rupes, is*, f. : la paroi de rocher, le précipice). *Piscator in rupe sedebat et tibias inflabat* (inflo, as, are, avi, atum : souffler) *ut* (pour) *pisces e mari vocaret*. Sed neque pisces neque alia animalia maris apparuerunt. Tum tibias seposuit (sepono, is, ere, seposui, sepositum* : éloigner, mettre à l'écart) *et retia in mare misit; paulo post* (peu de temps après) *multos pisces captavit et in* *litus jecit ; tum pisces humi saltabant : « Stulta, inquit piscator, animalia estis ; cum tibias inflabam, non saltavistis : cur nunc saltatis ? »*

Fuitne animalium stultitia major quam piscatoris ?

*Traduire par l'infinitif.

XIII

« Manu militari[1]*. »*

L'expression du temps
Les nombres

TEXTE D'ÉTUDE
Le calendrier

Spurinna haruspex (l'haruspice Spurinna) ***paucis mensibus ante mortem****Cœsaris dixit : « Time* (crains) *Idus Martias ! » Re vera* ***Idibus Martiis****, inimici* (ses ennemis) *Cœsarem necaverunt.*

Inter Calendas et Idus erant Nonœ. Nonœ erant nonus dies ante Idus mensis. Romani Nonas vocabant nonum diem ante Idus mensis.

Festi et solemnes deorum dies erant ***Calendis, Nonis et Idibus****.*

TRADUCTION

« L'haruspice Spurinna, **peu de mois avant la mort** de César, lui dit : "Fais attention aux Ides de mars !" En fait ses ennemis tuèrent César **aux Ides de mars.**

Entre les Calendes et les Ides, il y avait les Nones. Les Nones étaient le neuvième jour avant les Ides du mois. Les

1. « Par la force militaire. » Expulser quelqu'un par la force.

Romains appelaient Nones le neuvième jour avant les Ides du mois.

Les fêtes et cérémonies solennelles en l'honneur des dieux avaient lieu aux **Calendes, Nones et Ides.**»

Observation

Tous les mots ou groupes de mots en gras traduisent des compléments de temps. Certains sont employés avec une préposition, d'autres sans.

Leçon : l'expression du temps

Les compléments de temps répondent aux questions suivantes :

- ***Quando ?* Quand ?** : on emploie **l'ablatif seul.**
  Ex. : ***Idibus Martiis : aux Ides de mars.***

- ***Quamdiu ?* Pendant combien de temps ?** : on emploie **l'accusatif seul** ou ***per* + acc.**, si l'on veut insister.
  Ex. : *rex* ***sex* annos regnavit*** : le roi a régné **six ans.**
  per sex annos regnavit : il a régné **pendant six ans.**
  **sex* : six est invariable.

- ***Quamdudum ?* Depuis combien de temps ?** : on y répond par l'**accusatif précédé de *jam*.** Si le complément de temps est accompagné d'un **nombre** – ce qui est généralement le cas –, on emploie l'adjectif **ordinal** en **ajoutant une année.**
  Ex. : ***tertium jam annum*** *regnat* : c'est **maintenant la troisième année** qu'il règne → il règne **depuis deux ans.**

- ***Quanto tempore ?* en combien de temps ? : ablatif seul,** et même s'il y a un nombre, on garde l'adjectif cardinal.
  Ex. : ***sex horis iter fecit*** : il a fait la route **en six heures.**

VOCABULAIRE : LES NOMBRES

	Adjectifs cardinaux	Adjectifs numéraux
I	*unus, a, um*	*primus, a, um*
II	*duo, duœ, duo*	*secundus, a, um*
III	*tres, tres, tria*	*tertius, a, um*
IV	*quattuor*	*quartus, a, um*
V	*quinque*	*quintus, a, um*
VI	*sex*	*sextus, a, um*
VII	*septem*	*septimus, a, um*
VIII	*octo*	*octavus, a, um*
IX	*novem*	*nonus, a, um*
X	*decem*	*decimus, a, um*
XI	*undecim*	*undecimus, a, um*
XII	*duodecim*	*duodecimus, a, um*
XX	*viginti*	*vicesimus, a, um*
XXX	*triginta*	*tricesimus, a, um*
XL	*quadraginta*	*quadragesimus, a, um*
L	*quinquaginta*	*quinquagesimus, a, um*
C	*centum*	*centesimus, a, um*
M	*mille*	*millesimus, a, um*

CIVILISATION : LE CALENDRIER

Le mot calendrier vient du latin *Calendœ*. Les Romains appelaient *calendes* le premier jour du mois.

À l'origine, le calendrier romain commençait le 15 mars et comprenait 12 mois de 29 ou 31 jours plus un mois intercalaire de 22 ou 23 jours qui revenait tous les deux ans ; l'année ainsi établie comportait 366 jours. Aussi laissait-on le soin aux pontifes de fixer au mois intercalaire le nombre de jours nécessaires. En 45 av. J.-C., César réforma le calendrier et c'est ce calendrier « julien », légèrement modifié (calendrier grégorien de 1582), qui est encore le nôtre. Depuis le milieu du IIe siècle av. J.-C., l'année commençait le 1er janvier.

Le mois comporte **trois jours-repères** :
les **Calendes *Kalendœ***, abréviation **Kal.** le 1er du mois ;
les **Nones *Nonœ***, abréviation **Non.** le 5 du mois ;

les **Ides** ***Idus, uum***, abréviation **Id.** le 13 du mois.

Cependant, en mars, mai, juillet et octobre, les Nones sont le 7 et les Ides le 15.

• Moyen mnémotechnique : « Marmajuilo. »

Noms de mois :

Januarius	*Quintilis*
Februarius	*Sextilis*
Mars	*September*
Aprilis	*October*
Maius	*November*
Junius	*December*

Remarques :

Le nom des mois depuis *Quintilis*, le cinquième, est un souvenir de l'époque où l'année commençait avec le printemps, en mars. *Quintilis* s'est plus tard appelé : *Julius*, le mois de Jules César, et *Sextilis Augustus*, le mois d'Octave Auguste.

La date se dit en fonction de la fête à venir : x jours avant les Ides ou les Calendes. À la vieille époque, on disait par exemple : « *Octavo die ante Idus februarias* » (« le huitième jour avant les Ides de février »).

Mais les Romains ont pris l'habitude de simplifier l'expression en mettant **tout à l'accusatif, derrière *ante***.

Ex. : « *Ante octavum diem Idus februarias.* »

Pour compter les jours qui les séparent de la fête suivante, les Romains comptent à la fois le point de départ et le point d'arrivée.

Ex. : le 2 janvier, puisque les Nones sont le 5, nous paraît être le 3e jour avant les Nones. Pourtant, un Romain dira : *quarto die ante Nonas* ou *ante diem quartum Nonas*.

La longueur des mois est la même que chez nous ; pour la fin du mois (*ante Kal.* du mois suivant), il faudra tenir compte du nombre de jours du mois (31, 30, ou 28).

Si l'année est bissextile, c'est le 25 février qui servira de jour supplémentaire ; le compte s'établit ainsi :

24 février	*dies sextus*	*ante*	*Kal.*	*Martias*
25 février	*dies bis sextus*	"	"	"
26 février	*dies quintus*	"	"	"
29 février	*pridie Kal. Martias*			

Les années se comptent officiellement depuis la fondation de Rome. Mais l'usage est de les désigner du nom des deux consuls :

Ex. : *L. Tullo et M. Lepido consulibus* : sous le consulat de L. Tullus et de M. Lépide.

Entraînement

Thème (cum/ubi)

Quand j'invite (= appelle) mes quatre meilleurs amis, ils viennent aussitôt*.

**Statim.*

Je suis né en hiver, le 25 février.

Version

Unus miles duos pedes habet.
Sunt decem templa in foro.
Dominus imperat duodecim servos.

XIV

« Qui bene amat, bene castigat[1]*. »*

Pronoms relatifs et subordonnée relative
Ordre et défense

TEXTE D'ÉTUDE
Prière d'un exilé

Te, Juppiter Capitoline, ***quem*** *Populus Romanus Optimum Maximum nominavit, teque Juno regina, et te, custos urbis, Minerva* ***quæ*** *semper bonos cives adjuvisti, precor ac* (= et) *quæro* (je vous prie et vous supplie), *vosque, patrii penates,* ***qui*** *huic* (cette) *reipublicæ favetis, teque Vesta mater,* ***nolite*** *me diutius* (plus longtemps) *amicis, parentibus, Urbeque ipsa* ***privare*** (priver de + abl.).

TRADUCTION

« Je te prie et te supplie, Toi, Jupiter Capitolin, **que** le peuple romain a appelé Très Bon et Très Grand, et toi, reine Junon, toi aussi, Minerve, **qui** es toujours venue en aide aux honnêtes citoyens et vous, pénates paternels, **qui** êtes favorables à ce gouvernement et, toi, mère Vesta, **ne me privez pas** plus longtemps de mes amis, de mes parents et de Rome elle-même ! »

1. « Qui aime bien châtie bien. »

Observations

■ ***Quem*** (ligne 1) est un pronom relatif, c.o.d. de *nominavit* (a appelé), il est donc à l'accusatif. Il a pour antécédent *J. Capitoline*, masc. sing., il se met donc aux genre et nombre de celui-ci.

■ ***Quae*** (ligne 3) est aussi un pronom relatif, sujet de *adjuvisti* (es venue en aide), il est donc au nominatif. Il a pour antécédent *Minerva*, fém. sing., avec lequel il s'accorde encore en genre et en nombre.

■ ***Qui*** (ligne 5) est toujours un pronom relatif, sujet de *favetis* (vous êtes favorables), donc au nominatif pluriel. Il a pour antécédent *vos, patrii penates* (vous, pénates paternels), masc. pl., avec lequel il s'accorde toujours en genre et en nombre.

Remarque :

On constate déjà que le pronom relatif sujet, au masculin singulier et pluriel, a la même forme qu'en français.

■ *Nolite privare* (lignes 5 et 7) : *ne me privez pas*, traduit une défense (ordre négatif).

Leçon

1) Le pronom relatif

Il s'accorde en genre et en nombre avec son antécédent et se met au cas voulu par sa fonction dans la subordonnée relative.

Voici sa déclinaison qui, au singulier, présente quelques difficultés car certains cas ont des formes inconnues jusqu'alors ; en revanche, au pluriel, il se décline sur *bonus, a, um*, à l'exception du nom. et de l'acc. pl. neutres : ***quæ***.

Nous ne noterons donc que la déclinaison du singulier :

	MASCULIN	FÉMININ	NEUTRE
Nom	*qui*	*quæ*	*quod*
Acc.	*quem*	*quam*	*quod*
Gén.	***cujus***	***cujus***	***cujus***
Dat.	***cui***	***cui***	***cui***
Abl.	*quo*	*qua*	*quo*

Remarque :

Noter les génitifs et datifs singuliers identiques aux trois genres.

La subordonnée relative est introduite par ces pronoms relatifs et son verbe est **généralement à l'indicatif**. Cependant, elle peut aussi se trouver avec un verbe au **subjonctif**. Dans ce cas, une nuance circonstancielle s'y ajoute : de but, de conséquence, de cause, de condition.

Ex. : *Cæsar legatos misit* ***qui pacem peterent*** :
César envoya des ambassadeurs **pour demander la paix.**

Sunt qui **: il y a des gens qui**

Ex. : *Sunt qui sciant* : Il y a des gens qui savent.

Is... qui **: tel... qu'il/homme à/capable de**

Ex. : *Is est quem omnes admirentur* : C'est un homme tel que tous l'admirent.

2) L'ordre et la défense

■ **L'ordre** : il est exprimé en latin par l'**impératif** qui n'existe qu'à la **2e pers. du sing. et du pl. Aux autres personnes**, on recourt au **subjonctif** (*cf.* chap. XIX).

L'impératif présent, dépourvu de suffixe et de désinence, est constitué du **radical du verbe seul au sing.** :

Ama : aime ! *dele* : détruis ! *lege* : lis ! *cape* : prends !
audi : écoute !

▲ *Quatre verbes et certains de leurs composés ne prennent pas de voyelle :*

Dico : dic : dis ! *duco : duc* : conduis ! *facio : fac* : fais ! *fero : fer* : porte !

• Moyen mnémotechnique : « dicducfacfer ! »

À la 2e pers. du pl., on ajoute **-te.**

*Ama**te*** : aimez ! *dele**te*** : détruisez ! *legi**te*** : lisez ! *capi**te*** : prenez ! *audi**te*** : écoutez !

N. B. : la voyelle de liaison change à la 3e conjugaison ! -e- devient -i-.

■ La défense : elle est exprimée par :

1re et 3e pers. sing. et pl. : ***ne* + subjonctif présent**

2e pers. sing. et pl. : ***ne* + subjonctif parfait**

ou :

***noli* (singulier) + infinitif**

Ex. : *Noli lacrimare* : Ne pleure pas !

***nolite* (pluriel) + infinitif**

Ex. : *Nolite lacrimare* : Ne pleurez pas !

VOCABULAIRE : MOTS INVARIABLES (AUTRES QUE LES PRÉPOSITIONS)

Ac (devant voyelle)/*atque* (devant consonne) : et
Adhuc : encore
Aperte : ouvertement
At : mais
Aut : ou/ou bien
Autem (tjrs 2e position) : or, mais ; d'autre part
Cras : demain
Deinde : ensuite
Diu : longtemps
Enim : en effet (2e position)
Etiam : même, aussi, encore
Etiamnunc : encore maintenant
Foris : au-dehors
Forte : par hasard

Haud : non, ne... pas
Heri : hier
Hodie : aujourd'hui
Huc : là (où l'on va)
Ibi : là (où l'on est)
Igitur : donc
Ita : si/tellement
Itaque : c'est pourquoi
Modo : seulement
Mox : bientôt
Nam : en effet (en début de proposition)
Ne quidem : ne pas même
Nec (devant voy.)/*neque* (devant cons.) : et ne pas
Nimis : trop, excessivement
Nisi : si ce n'est, sauf
Nondum : ne... pas encore
Numquam/nunquam : ne... jamais
Nunc : maintenant
Olim : un jour
Postremo : enfin
Procul : loin
Quondam : un jour
Quoque : aussi
Quotidie : chaque jour
Satis : assez
Sed : mais
Tamen : cependant, toutefois
Vix : à peine, avec peine

Civilisation : les dieux romains et les cultes publics

À l'origine, plus que des dieux, les Romains honoraient des puissances surnaturelles (***numina***) associées aux phénomènes naturels, aux événements ou aux actes de la vie courante. Ces forces surnaturelles étaient très « spécialisées » : qui surveillait l'allaitement, qui aidait l'enfant à grandir, qui à être intelligent...

Même des forces abstraites et morales étaient « divinisées » : la Victoire, la Concorde, la Santé...

Convaincus que plus on honore de dieux plus on a de chances de réussite dans toute entreprise, les Romains ont toujours **accueilli les cultes des autres peuples**, vaincus ou non, avec tolérance et intérêt, dans toute l'acception de ce terme ! Mais ils ont réservé une **place privilégiée aux dieux grecs, sous l'influence des Étrusques, à partir du VIe siècle av. J.-C.**

De cette multitude divine, nous ne retiendrons que ceux que l'on appelle **les douze dieux olympiens** (Apollon, Cérès, Diane, Junon, Jupiter, Mars, Mercure, Neptune, Pluton, Vénus, Vesta, Vulcain). Notons que tous étaient parents et qu'ils ont figure et comportements humains.

La perfection faite dieu n'existe pas dans le panthéon gréco-romain !

Pour s'attirer les faveurs des dieux, il faut leur faire des sacrifices, selon des rites bien établis. Ainsi on distingue les sacrifices sanglants de ceux qui ne le sont pas.

Sacrifices sanglants : on immole des animaux domestiques (moutons, chèvres, porcs, bœufs), en tenant compte de leur couleur, de leur âge et de leur sexe. Le prêtre (*sacerdos, otis*, m.), qui va procéder au sacrifice, s'est tout d'abord lavé les mains et recouvert la tête d'un pan de sa toge ; puis, en public, il saupoudre la tête, parée de rubans, de la bête d'une mixture faite de farine et de sel, puis l'arrose de vin et d'encens. L'animal est assommé puis égorgé ; son sang est répandu sur l'autel puis ses viscères examinés. Si ceux-ci sont d'un beau rouge vif, signe de bon augure, ils sont offerts en festin aux dieux. Le reste est partagé entre prêtre et assistants au sacrifice.

Sacrifices non sanglants : ils consistent principalement en nourritures solides (fruits, légumes et céréales) et liquides (vin, lait, huile).

Parfois, on va même jusqu'à convier « physiquement » au banquet les grands dieux en allongeant leurs statues sur des lits !

Entraînement

Thème

Regardez les beaux temples de Rome !

Jeunes filles, ne vous promenez pas dans les rues la nuit !

Esclave, conduis les enfants du maître à l'école !

Cette (*hæc*) maison dont l'atrium est particulièrement beau (traduire par « beau » au superlatif de supériorité) accueille chaque jour de très nombreux hôtes.

Les thermes dans lesquels les citoyens romains allaient étaient ornés de très grandes mosaïques (*musivum, i*, n.).

Version

Nolite celerius currere !

XV

« Panem et circenses[1]*. »*
JUVÉNAL

Participe parfait passif (p.p.p.)
Ablatif absolu

TEXTE D'ÉTUDE

Romulus et Remus,
extrait de *De viris illustribus Urbis Romœ*, Lhomond

Proca, rex Albanorum, duos filios, Numitorem et Amulium, habuit. Numitori, qui natu major erat, regnum reliquit ; sed Amulius, ***pulso fratre****, regnavit, et ut eum subole privaret, Rheam Sylviam ejus filiam Vestœ sacerdotem fecit, quœ tamen Romulum et Remum uno partu edidit.* ***Quo cognito****, Amulius ipsam in vincula conjecit, parvulos alveo impositos abjecit in Tiberim, qui tunc forte super ripas erat effusus ; sed,* ***relabente flumine****, eos aqua in sicco reliquit. Vastœ tum in iis locis solitudines erant. Lupa, ut fama traditum est, ad vagitum accurit, infantes lingua lambit, ubera eorum ori admovit, matremque se gessit.*

1. « Du pain et des jeux. » Mots méprisants du poète satirique latin (*Satires*, X, 81) pour critiquer le peuple romain, qui ne demande qu'à être nourri et diverti.

TRADUCTION

« Proca, roi des Albains, eut deux fils, Numitor et Amulius. Il laissa le trône à Numitor, qui était l'aîné ; mais Amulius, **après avoir chassé son frère**, régna ; et, pour le priver de descendance, il fit Rhea Sylvia prêtresse de Vesta ; celle-ci cependant mit au monde, en un seul accouchement, Romulus et Remus. **À cette nouvelle**, Amulius la mit en prison, et jeta les petits, placés dans un couffin, dans le Tibre, qui était alors, par hasard, en crue. Mais, **quand le fleuve se retira**, l'eau les laissa sur la terre sèche. À cette époque-là, de grands espaces inhabités s'étendaient en ces lieux. Alors, une louve, selon la tradition, accourut aux vagissements des petits enfants, les lécha, tendit ses mamelles à leurs bouches, et se comporta avec eux comme une mère. »

OBSERVATIONS

■ ***Pulso fratre*** : traduction littérale : (son) frère ayant été chassé → après avoir chassé son frère.

■ ***Quo cognito*** (*quo= et eo*) : et ceci ayant été connu → à cette nouvelle.

■ ***Relabente flumine*** : le fleuve se retirant → quand le fleuve se retira.

Ces trois expressions sont constituées chacune d'un **nom** ou d'un **pronom à l'ablatif** (*flatre, flumine*), accompagné d'un **participe passé passif (p.p.p.)** ou **présent actif (p.p.a.)** également à **l'ablatif** (*cf.* désinences « o » et « e »), compléments circonstanciels de temps et/ou de cause. Dans la traduction plus « littéraire », les participes n'apparaissent plus, on leur préfère une traduction plus claire, soit par un infinitif passé, soit par un groupe nominal, soit par une subordonnée circonstancielle de temps.

LEÇON

1) Le p.p.p. : il se forme sur le **radical du supin**, 5e temps primitif, auquel on enlève la désinence -um pour la remplacer par les **désinences des adjectifs de la 1re classe**. Il a toujours le **sens passif**.

Ex. : *amat-us, a, um* : ayant été aimé(e), aimé(e) ;
delet-us, a, um : ayant été détruit(e), détruit(e) ;
lect-us, a, um : ayant été lu(e), lu(e) ;
capt-us, a, um : ayant été pris(e) ;
audit-us, a, um : ayant été entendu(e).

Remarque :

Les verbes qui n'ont pas de supin n'ont évidemment pas de p.p.p.

2) L'ablatif absolu : c'est un groupe nominal constitué d'un **p.p.a.** ou d'un **p.p.p. à l'ablatif** et de son **sujet propre** (nom ou pronom) **à l'ablatif également**. Si le sujet est accompagné d'un adjectif épithète, attribut ou apposé, il se met aussi à l'ablatif.

L'ablatif absolu est l'équivalent d'une proposition circonstancielle ou d'un complément circonstanciel.

Ex. : *Romulo regnante* : Romulus régnant →
quand Romulus régnait ; sous le règne de Romulus.

Remarque :

Sum n'ayant pas de supin, n'a donc pas de p.p.p. On le sous-entend et on met à l'ablatif le groupe sujet.

Ex. : *Cicerone consule* : Cicéron étant consul →
sous le consulat de Cicéron.

Examinons les exemples du texte d'étude :

– *pulso fratre* (son frère ayant été chassé) se traduit par : après avoir chassé son frère ou quand son frère fut chassé.

pulso est le p.p.p. de *pello, is, ere, pepuli, pulsum* (chasser, expulser).

– *quo cognito* (et ceci ayant été connu) se traduit par : à cette nouvelle ou quand la nouvelle fut apprise/connue.

cognito est le p.p.p. de *cognosco, is, ere, cognovi, cognitum* (connaître).

– *relabente flumine* (le fleuve se retirant) se traduit par : quand le fleuve se retira.

relabente est l'abl. du participe présent de *relabor, eris, relabi, relapsus sum* (se retirer).

Rappel : c'est un verbe déponent : conjugaison passive mais sens actif.

VOCABULAIRE :

Ago, is, ere, egi, ***act****um* : faire, agir, mener, conduire > **act**ion, **act**eur

Ascendo, is, ere, scendi, ***ascens****um* : monter > **ascens**eur, **ascens**ion

Colo, is, ere, colui, ***cult****um* : honorer, cultiver > **cult**e, **cult**ure, **cult**iver

Credo, is, ere, credidi, ***credit****um* : croire, faire confiance > **crédit, crédit**er

Debeo, es, ere, debui, ***debit****um* : devoir > **débit, débit**eur, **débit**er

Deleo, es, ere, delevi, ***delet****um* : détruire > **délét**ère

Gero, is, ere, gessi, ***gest****um* : porter, faire > **gest**e (un/une), **gest**ion, **gest**ation

Moveo, es, ere, movi, ***mot****um* : bouger > **mot**eur, **mot**oriser, é**mot**ion, é**mot**if

Peto, is, ere, peti(v)i, ***petit****um* : demander > **pétit**ion

Pono, is, ere, posui, ***posit****um* : placer > **posit**ion, sup**posit**ion, sup**posit**oire, super**posit**ion

Procedo, is, ere, processi, ***process****um* : s'avancer > **proces**sion, **process**us

Rapio, is, ere, rapui, ***rapt****um* : enlever > **rapt**

Rego, is, ere, rexi, ***rect****um* : diriger > **rect**eur, di**rect**eur, di**rec**tion, di**rect**ive

Rogo, as, are, avi, ***rogat****um* : demander > (inter)**rogat**oire, inter**rogat**ion, dé**rogat**ion

Sto, as, are, steti, ***stat****um* : se tenir debout, se dresser > **stat**ue, **stat**ion, **stat**ionnaire, **stat**ique

Taceo, es, ere, tacui, ***tacit****um* : se taire > **tacit**e, **tacit**urne

Tego, is, ere, tetigi, ***tect****um* : couvrir, protéger > pro**tect**ion, pro**tect**eur, pro**tect**ionniste

Traho, is, ere, traxi, ***tract****um* : tirer > **tract**ion, **tract**er, **trac**teur

*Transeo, is, ire, ii, **transit**um* : traverser, franchir > **transit**ion, **transit**if, **transit**oire

*Veho, is, ere, vexi, **vect**um* : porter > **vect**eur, **vect**oriel

CIVILISATION : LES JEUX DES PETITS ET DES GRANDS ROMAINS

1) Les jeux des enfants

Comme beaucoup d'enfants du monde, le petit Romain se distrait en agitant un **hochet** en terre cuite, rempli de billes d'argile ou de cailloux. Les petites filles jouent, bien sûr, **à la poupée** (*pupulla, æ*), en chiffon, bois, terre cuite ou même ivoire.

Toupie (*turbo*), **cerceau** (*orbis*), **corde à sauter, marelle, balançoire, colin-maillard, dés, osselets, noix** constituent les principaux divertissements des petits.

On s'amuse aussi aux **jeux qui imitent les activités des « grands »** : soldats, magistrats, gladiateurs. Un jeu était particulièrement apprécié : **le jeu du roi**. C'est un jeu d'habileté où le vainqueur devient « roi » et donne des ordres à chacun tandis que les autres chantent « *Rex erit qui recte faciet, qui non faciet non erit* » (« Celui qui fera bien sera le roi ; celui qui ne fera pas bien ne le sera pas »). Celui qui perd est « le galeux ». Les enfants de familles aisées possédaient des jouets « vivants », c'est-à-dire des **animaux familiers** : oiseaux, chiens, chèvres qu'ils nourrissaient ou attelaient à un petit chariot. Les autres avaient leur reproduction en statuettes ou en poterie.

2) Les jeux du cirque

D'origine sacrée, ils débutent toujours par une offrande à Jupiter et une procession de tous les citoyens, suivis des concurrents, jusqu'au **Circus Maximus** (300 000 spectateurs sous l'Empire) à Rome.

Vêtus d'une tunique sans manches, coiffés d'un bonnet de cuir, les rênes attachées à leur ceinture (en cas de chute), debout sur leur char à deux chevaux ***(biges)*** ou à quatre ***(quadriges)***, les cochers attendent le signal du départ : un tissu blanc lancé par le président des jeux. À ce signal, ils s'élancent en même temps et doivent parcourir 7,5 km. À chaque tour, un « œuf » de pierre suspendu au-dessus d'un muret central, la

spina, permet de décompter les tours accomplis. Les accidents étaient très nombreux et meurtriers.

3) Les combats de gladiateurs

Recrutés en général parmi les condamnés de droit commun, les prisonniers de guerre ou les esclaves, les gladiateurs peuvent aussi être « engagés volontaires » (ils perdent alors leurs droits civiques). Ils suivent un entraînement très rude dans des écoles spécialisées, les ***ludi gladiatorii***.

On distingue différentes catégories en fonction de leur équipement :

les **Samnites** : casque, bouclier, épée, jambières ;
les **Thraces** : petit bouclier, casque, sabre court ;
les **Rétiaires** : un trident et un filet ;
les **Myrmillons** : très légèrement armés.

Introduits à Rome en 264 av. J.-C., ils ne prirent fin qu'au Ve siècle. Ils connaissent un succès continu. Donnés au début sur le forum, les spectacles sont représentés par la suite dans des amphithéâtres de pierre dont le plus célèbre est le **Colisée, à Rome**. Débuté sous l'empereur Vespasien en 72, il est inauguré sous son premier fils Titus en 80 et sa décoration finale achevée sous son frère Domitien, en 82.

Jusqu'à 80 000 spectateurs peuvent assister aux spectacles, l'après-midi, abrités, en cas de besoin (pluie ou soleil ardent) sous une immense bâche de toile, le *velum*.

Outre les combats de gladiateurs contre d'autres gladiateurs, on peut également assister à des ***venationes*** (chasses aux bêtes sauvages) ou à des ***naumachies*** (combats aquatiques pour lesquels on inondait l'arène !).

Ces représentations d'une très grande cruauté (elles sont la survivance des sacrifices humains en l'honneur de Saturne et des divinités chtoniennes) assurent la popularité et la célébrité des vainqueurs qui reçoivent de fortes récompenses et certains même peuvent, après plusieurs victoires, recouvrer leur liberté. Mais au-delà de la victoire, l'important, c'est de répandre le sang ! Ceci explique le salut des gladiateurs à l'empereur :

« ***Ave, Cæsar, morituri te salutant !*** »

« Salut, César, ceux qui vont mourir te saluent ! »

Entraînement

Identifier précisément les formes des participes suivants (temps, voix, cas, genre et nombre). Attention, certaines peuvent être multiples !

raptas ; motos ; datis ; posita ; gestas ; visus ; ductos ; vocantes.

Thème

Sous la conduite de César (= César étant le chef), les Romains vainquirent les Gaulois (*Galli, orum*, m.).

Version

*Omnibus amicis audientibus, orator in foro orationem habet**.

**orationem habere* : tenir un discours.

XVI

«Omnibus viis Romam pervenit[1].»

Infinitif actif et passif
Proposition subordonnée infinitive

TEXTE D'ÉTUDE

Tagès, d'après Cicéron

Is autem Tages, ut in libris est Etruscorum, puerilem speciem, sed senilem prudentiam habebat. Ejus adspectu obstupuit bubulcus magnumque clamorem edidit. Etrusci narrant ***totam Etruriam*** *brevi tempore in eum locum* ***convenisse****, et* ***Tagetem*** *plura de haruspicinæ disciplina* ***dixisse*** *multis audientibus, qui omnia verba ejus exceperunt.*

TRADUCTION

«Or ce Tagès, d'après les livres des Étrusques, avait l'air d'un gamin, mais la sagesse d'un vieillard. À sa vue, le bouvier resta stupéfait et poussa un grand cri. Les Étrusques racontent que **toute l'Étrurie** en peu de temps **se rassembla** à cet endroit, et que **Tagès parla** beaucoup de l'art de l'harus-

1. «Tous les chemins mènent à Rome.» Tous les moyens sont bons pour atteindre un objectif.

picie aux nombreux auditeurs, qui recueillirent toutes ses paroles. »

Observations

On remarque que *totam Etruriam*, sujet de *convenisse*, est à l'accusatif et le verbe à une conjugaison encore inconnue.

Tagetem, sujet de *dixisse*, est aussi à l'accusatif et le verbe a la même désinence que *convenisse* : -isse.

Leçon

1) Formation de l'infinitif

En latin, il existe trois temps de l'infinitif : présent, parfait et futur.

a) Infinitif présent

actif : c'est le 3e temps primitif ;

passif : on remplace le suffixe -re de l'actif par **-ri**, pour les **1re, 2e et 4e conjugaisons** ; pour la **3e**, normale et mixte, on ajoute **-i** au radical du présent (infectum).

Ex. : *amare* : aimer	*amari* : être aimé(e)
delere : détruire	*deleri* : être détruit(e)
legere : lire	*legi* : être lu(e)
capare : prendre	*capi* : être pris(e)
audire : entendre	*audiri* : être entendu(e)

b) Infinitif parfait

actif : **radical du parfait** + suffixe **-isse**

Ex. : *amav**isse*** : avoir aimé ; *delev**isse*** : avoir détruit ; *leg**isse*** : avoir lu ; *cep**isse*** : avoir pris ; *audi(v)**isse*** : avoir entendu.

passif : **radical du supin + -um/-am/-um + esse**

Ex. : *lect**um esse*** : avoir été lu(e).

c) Infinitif futur : il n'existe qu'à l'actif

radical du supin + suffixe **-urum, -uram, -urum, + esse**

Ex. : *ama**turum, -uram, -um esse*** : être sur le point de/être disposé(e) à/être destiné(e) à aimer.

Remarque :

Les verbes qui n'ont pas de supin ont recours à l'expression : *futurum, -am, -um esse* ou *fore*.

2) La subordonnée infinitive

*a) Elle est c.o.d. des **verbes de déclaration** (écrite ou orale), d'**opinion**, de **connaissance ainsi que de*** **jubeo (j'ordonne)** *et* ***volo*** **(je veux)** (cf. *Vocabulaire) exprimés dans la proposition principale.*

Elle n'est **pas** introduite par un mot **subordonnant.**

Son **verbe** est à **l'infinitif.**

Son **sujet**, qui lui est **propre** est **toujours exprimé** (même s'il s'agit d'un pronom) – et tout ce qui peut s'y rapporter : épithète, attribut, apposition – à l'**accusatif** (les autres mots de la proposition restent au cas voulu par leurs fonctions).

*b) Emploi des **temps** dans la subordonnée infinitive :*

L'infinitif présent indique une **simultanéité** d'action entre les verbes de la principale et de la subordonnée.

Ex. : *Credimus/credebamus Paulum beatum esse* : Nous croyons/croyions que Paul est/était heureux.

L'infinitif parfait indique une **antériorité** d'action du verbe de la subordonnée par rapport à la principale.

Ex. : *Credimus Paulum beatum fuisse* : Nous croyons que Paul a été heureux.

Credebamus Paulum beatum fuisse : Nous croyions que Paul avait été heureux.

L'infinitif futur indique une **postériorité** d'action de la subordonnée par rapport à la principale.

Ex. : *Credimus Paulum beatum futurum esse* : Nous croyons que Paul sera heureux.

c) Emploi des ***pronoms personnels*** *dans la subordonnée infinitive :*

Si le **sujet** de la proposition infinitive est un **pronom personnel**, il doit **obligatoirement** être **exprimé** (ce qui évite toute ambiguïté par rapport au français, par exemple).

Voici donc leur déclinaison (il n'y a pas de vocatif) :

1re PERS. SING.	2e PERS. SING.	1re PERS. PL.	2e PERS. PL.
ego	*tu*	*nos*	*vos*
me	*te*	*nos*	*vos*
mei	*tui*	*nostrum*	*vestrum*
mihi	*tibi*	*nobis*	*vobis*
me	*te*	*nobis*	*vobis*

À la 3e personne du singulier et du pluriel, il y a une forme unique du pronom personnel réfléchi (c'est-à-dire désignant la même personne/chose dans la principale et la subordonnée) :

Se, sui, sibi, se

N. B. : ne s'employant que dans une infinitive, il n'a pas de nominatif.

Ex. : *Credit se* ***beatum esse*** : Il croit qu'il est heureux.

On est sûr, en latin, que les deux « il » désignent bien la même personne car le pronom personnel réfléchi « se » est employé.

En revanche, si l'on veut parler de deux personnes différentes, on emploie un **pronom non réfléchi**, à l'**accusatif** (puisqu'il est sujet de la subordonnée).

acc. masc. sing. :	*eum*	f. sing. :	*eam*	n. sing. :	*id*
acc. masc. pl. :	*eos*	f. pl. :	*eas*	n. pl. :	*ea*

Ex. : Ils croient qu'**ils** sont heureux : *Credunt* ***eos*** *beatis esse* (ils = X croient que Y [eos]...).

Vocabulaire : verbes se construisant avec une subordonnée infinitive

Cogito, as, are, avi, atum : penser que
Credo, is, ere, credidi, creditum : croire que
Dico, is, ere, dixi, dictum : dire que
Ignoro, as, are, avi, atum : ignorer que
Jubeo, es, ere, jussi, jussum : ordonner que
Narro, as, are, avi, atum : raconter que (*narrant* : on raconte que)
Nuntio, as, are, avi, atum : annoncer que
Puto, as, are, avi, atum : penser que
Scio, is, ire, sci(v)i, scitum : savoir que
Scribo, is, ere, scripsi, scriptum : écrire que
Sentio, is, ire, sensi, sensum : sentir que, se rendre compte que
Trado, is, ere, tradidi, traditum : transmettre que (*tradunt* : on rapporte que)
Volo, vis, vult, volui : vouloir que (verbe irrégulier)

Civilisation : le théâtre romain

Sa naissance officielle remonte à 240 av. J.-C., quand les magistrats romains confient au Grec Andronikos le soin de donner les premiers jeux scéniques : ***ludi scœnici***. Ce sont des traductions en latin de pièces grecques. À l'origine, ces représentations se déroulent dans des constructions provisoires en bois jusqu'à la construction du **premier théâtre en pierre, en 55 av. J.-C. : le théâtre de Pompée**.

Il est constitué d'un **mur de scène**, dont le sommet incliné vers l'avant rabat le son, et représente la façade d'un palais. La foule s'assied sur des gradins de pierre, disposés en demi-cercle : la ***cavea***, au pied de laquelle prennent place, à l'**orchestre**, les magistrats. La scène (***proscenium***) se situe devant lui. En cas de pluie ou de forte chaleur, on tend un *velum*. La machinerie est très complexe et réjouit le goût des Romains pour les « effets spéciaux » : incendies, orages, séismes, fantômes qui apparaissent et disparaissent, idem pour les dieux...

Les **acteurs** sont des **esclaves** ou des affranchis masculins. Dans la **tragédie**, ils portent une longue robe, une couronne et des **cothurnes** (chaussures à haute semelle compensée qui leur confèrent une allure noble, conforme à leur rôle) et **un masque** (fait d'écorces d'arbres peintes de couleurs vives ou de tissus compressés) et sont coiffés d'une perruque qui, selon sa couleur, donne des indications précises au spectateur sur leur origine sociale, leur âge, leur fonction. Dans la **comédie**, l'acteur peut courir, à son aise, chaussé de pantoufles plates, à lanières : les ***socci***. Il porte également un masque et une perruque symboliques du genre et du rôle qu'il interprète.

La musique accompagne aussi les acteurs. Les instruments les plus utilisés sont : la **lyre**, la **cithare**, la **harpe**, le ***bucci*** (sorte de trompette courbe), le ***tympanon*** (tambourin).

Citons quelques auteurs célèbres du théâtre romain. Il s'agit surtout d'auteurs comiques : **Plaute** (vers 254-184 av. J.-C.) dont certaines pièces ont fortement inspiré Molière, telles l'*Aulularia* (*L'Avare*), **Amphitryon** et **Térence** (vers 190/185-159 av. J.-C.). Plaute, avec son humour plus familier, séduit un public plus populaire que Térence dont la subtilité plaît davantage à l'aristocratie.

Entraînement

Mettre la phrase en « mot-à-mot » afin de ne pas oublier le pronom personnel dans la subordonnée infinitive.

Ex. : Je veux que tu viennes maintenant (Je veux toi venir maintenant) : *Volo te nunc venire*.

Thème

Il dit qu'en hiver les jours sont plus courts.
Elle croyait que Romulus avait régné dix ans.

Version

Omnes homines vitam agere beatam volunt.
Tradunt Homerum cœcum fuisse.*
**cœcus, a, um* : aveugle > cécité.

XVII

« Quis, quid, ubi, quibus auxiliis, cur, quomodo, quando ?[1] *»*

Indicatif perfectum passif : parfait, plus-que-parfait, futur antérieur **Passif impersonnel : traduction de « on »** **L'interrogation directe**

TEXTE D'ÉTUDE
Interrogatoire d'un éclaireur

Audax explorator in imperatoris tabernaculum captivus a militibus ***adductus est****. Tum is ab imperatore* ***interrogatus est****: «* ***Quis*** *es ?* ***Cujus*** *est ista epistula quam tecum habes ?* ***Quem*** *hominem quœris ?* ***Cur*** *prope castra venisti ? » Captivus autem tacebat. «* ***Cur*** *taces ? dixit imperator, tibi aut libertatem aut mortem propono :* ***utram*** *eligis ? » – « Mortem », respondit vir fortis in silentio obstinatus. Tum, tanta virtute victus, dux exploratorem clementer tractavit neque eum interfecit.*

1. « Qui, quoi, où, par quels moyens, pourquoi, comment, quand ? » Formule donnée par le professeur d'éloquence (rhétorique) Quintilien à ses élèves pour n'oublier aucune des circonstances lors des plaidoiries.

TRADUCTION

«Un éclaireur audacieux **fut conduit** comme prisonnier par des soldats dans la tente d'un général. Il **fut** alors **interrogé** par le général: "**Qui** es-tu? **De qui** est cette lettre que tu tiens avec toi? **Quel** homme cherches-tu? **Pourquoi** es-tu venu près du camp?" Mais le prisonnier se taisait. "**Pourquoi** te tais-tu? dit le général; je te propose soit la liberté soit la mort: **laquelle des deux** choisis-tu?" – "La mort", répondit l'homme courageux dans un silence obstiné. Alors, vaincu par un si grand courage, le chef le traita avec clémence et ne le tua pas.»

OBSERVATIONS

- Les deux verbes en caractères gras sont au parfait passif (*cf.* sa formation ci-dessous).
- *qui* et *cujus* (ligne 3), *utram* (ligne 6) sont des pronoms interrogatifs: l'un sujet, l'autre complément du nom et le dernier c.o.d.
- *quem* (ligne 4) est un adj. interrogatif, épithète de *hominem*, donc à l'acc. sing.
- *cur* (lignes 4 et 5) est un adverbe interrogatif.

Remarque:

Pour trouver plus facilement la fonction d'un pronom interrogatif, mettez la phrase à la forme affirmative.

Ex.: La lettre de qui tu tiens? On voit plus nettement apparaître que «de qui» complète le nom «lettre».

LEÇON

1) Perfectum passif

Les trois temps qui le constituent se forment tous de la même façon:

p.p.p. + *sum/eram/ero*

Ex.: *amatus, a, um* ***sum***: j'ai/je fus/j'eus été aimé(e);
amatus, a, um ***eram***: j'avais été aimé(e);
amatus, a, um, ***ero***: j'aurai été aimé(e).

2) Traduction de « on »

p.p.p., toujours au **neutre singulier +** ***sum/erat/erit***

Ex. : *lectum* **est** : on a lu ; *narratum erat* : on avait raconté ; *captum* **erit** : on aura pris.

3) Interrogation directe

On pose une question soit en utilisant :

■ **un adverbe** interrogatif :

de lieu : *ubi ? quo ? unde ? qua ?* (*cf.* questions de lieu) ;

de temps : *quando ? quamdiu ? quamdudum ? a quo tempore ?* (*cf.* questions de temps) ;

de manière : *quomodo ? / quemadmodum ?* : comment ?

de cause : *cur ? / quare ? : pourquoi ?*

de quantité : *quantum ? / quot ?* : combien ?

■ **une particule interrogative :**

– *ne* : qui s'accroche à la fin du mot sur lequel porte la question.

Ex. : *Venisne hodie ?* Viens-tu aujourd'hui ?

nonne : placée en tête de phrase, elle signifie : n'est-il pas vrai que ? La réponse attendue est positive.

num : placée en tête de phrase également signifie : est-ce que par hasard ? La réponse attendue est négative.

■ **un pronom-adjectif interrogatif** :

quis, quœ, quid : qui ? (pronom)

qui, quœ, quod : quel ? (adj.)

Sa déclinaison est très proche de celle du pronom relatif, sauf au nom. masc. et n. sing. du pronom (*cf.* tableaux en annexe).

uter, utra, utrum : lequel/laquelle des deux ?

Vocabulaire : les prépositions (en latin, les mots ou groupes de mots qu'elles introduisent sont suivis d'un cas particulier). Voici les plus courantes avec leurs sens principaux :

PRÉPOSITIONS	LIEU	TEMPS	DIVERS
+ accusatif			
Ad	vers, à côté de ; chez ; jusqu'à	pour, jusqu'à	
Adversus	en face de		contre ; envers
Ante	devant	avant	
Apud	chez ; près de		dans l'œuvre de
In	(en allant) dans, sur		à l'égard de, contre
Inter	entre		parmi
Per	à travers	pendant	par l'intermédiaire de
Post	derrière	après	
Prope	près de		
Propter	à côté de		à cause de
Sub	(en allant) sous		
Supra	au-dessus de		
+ ablatif			
Ab /a	(à partir) de	(à partir de), depuis	(venant) de
Cum			avec
De	du haut de		au sujet de, sur
Ex /e	(sorti) de	(à partir) de, depuis	d'après, parmi
In	dans, sur	dans	dans, s'agissant de
Pro	devant		pour, à la place de
Sine			sans
Sub	(étant) sous		

Remarque :

On dit *mecum/tecum/secum/nobiscum/vobiscum* : avec moi/toi/lui/elle/nous/vous/eux/elles.

La ***tunica*** : vêtement « unisexe », c'est une chemise à manches courtes, ceinturée, en général, à la taille ; elle est portée par le Romain chez lui ; elle constitue aussi l'essentiel de la garde-robe des gens modestes (paysans, artisans, esclaves).

La ***toga*** : grand pan d'étoffe de laine écrue, semi-circulaire, sans couture ni agrafe descendant jusqu'aux pieds, savamment drapée avec l'aide d'un esclave, cette toge a sur le devant un large pli, le ***sinus***, qui sert de poche. Ses ornements et sa couleur obéissent à des conventions : la ***toga prætexta***, blanc cassé, bordée d'une large bande pourpre, est portée par les jeunes garçons et les sénateurs. La ***toga candida***, (blanchie à la craie), est celle des candidats aux élections. La ***toga sordida*** ou ***pulla*** est portée par les citoyens en deuil ou en procès.

Par-dessus la *tunica*, plus raffinée que celle des hommes, grâce à des broderies, les femmes enfilent la ***stola***, longue robe serrée à la taille retombant jusqu'aux pieds. Selon la mode, la ceinture est visible ou cachée. Le bas de la robe est orné de pierreries ou de broderies. Des fibules, agrafes richement ornées, retiennent le tout sur l'épaule. Pour sortir, les femmes s'enveloppent d'un manteau : un ***pallium***, dont le drapé permet de couvrir la tête.

Il existe aussi toutes sortes de tuniques de couleurs et de matières différentes : la légèreté constitue le comble de l'élégance.

Quant aux **chaussures**, la plus courante est un soulier de peau blanche dont on épaissit, au besoin, les semelles pour se grandir.

Enfin, les Romaines raffolaient des **bijoux** : pendentifs en émeraude ou boucles d'oreilles en perles, bracelets en forme de serpent et en or massif, nombreuses bagues à chaque doigt de la main – sauf au majeur, pour des raisons magiques – et même aux orteils !

Entraînement

Thème

Qui as-tu vu ?
Quelles paroles avaient été dites ?
Quel élève est-il ?
De qui êtes-vous les enfants ?

Version

Cur non domum heri venistis ?
Qua iter fecistis ?
Victi eratis.
Visæ erimus.
Datæ erant.
Intellecti sumus.
Moniti estis.
Captæ erunt.

XVIII

« Pro domo[1]. »

Pronoms-adjectifs démonstratifs : *hic*, *iste*, *ille*
Pronom-adjectif : *is, ea, id*
Pronoms d'insistance : *ipse* et *idem*

TEXTE D'ÉTUDE

Lar familiaris, *Aulularia*, Plaute

Ne quis miretur, qui sim, paucis eloquar.
Ego Lar sum familiaris, ex ***hac*** *familia,*
unde exeuntem me adspexistis : ***hanc*** *domum*
jam multos annos est, cum possideo, et colo
patrique, avoque jam ***hujus*** *qui nunc hic habet.*
Sed mihi avus ***hujus*** *obsecrans concredidit*
thesaurum auri clam omnes : in medio foco
defodit, venerans me, ut ***id*** *servarem sibi.*
Is *quoniam moritur – ita avido ingenio fuit !*
nunquam indicare ***id*** *filio voluit suo.*
Inopemque optavit potius ***eum*** *relinquere,*
quam ***eum*** *thesaurum commonstraret filio.*
Agri reliquit ***ei*** *non magnum modum,*
quo cum labore magno et misere viveret.

1. « Pour sa maison. » Titre d'un plaidoyer de Cicéron signifiant que l'on se fait l'avocat de sa propre cause.

TRADUCTION

Qu'on ne demande pas qui je suis, en peu de mots je le dirai. Je suis le *Lar familiaris** de **cette** famille, d'où vous m'avez vu sortir, **cette** maison il y a déjà plusieurs années que je l'occupe et que je la protège et pour le père, et déjà pour le grand-père **de celui** qui maintenant habite ici. Mais le grand-père **de celui-ci** avec force prières m'a confié un trésor à l'insu de tous : au milieu du foyer il l'a enfoui, me suppliant de **le** garder pour lui ; même sur le point de mourir – il a été d'une telle avarice ! – jamais il n'a voulu révéler **cela** à son fils ; et il a préféré **le** laisser pauvre plutôt que d'indiquer **ce** trésor à son fils. Il ne **lui** a pas laissé une grande étendue de champ, de quoi même avec beaucoup de peine vivre misérablement. »

**Lar familiaris : cf.* Civilisation de ce chapitre.

Observations

Cet extrait d'une pièce de théâtre de Plaute (*cf.* chap. XVI) est évidemment riche en *démonstr*atifs : on *montre* du doigt ceux et ce que l'on désigne par la parole. Ces démonstratifs sont tantôt des adjectifs (***hac** familia ; **hanc** domum ; **eum** thesaurus*), tantôt des pronoms (***hujus** ; **id** ; **is** ; **id** ; **eum** ; **ei***) (on note au passage que ces pronoms sont traduits en français tantôt par un pronom démonstratif tantôt par un pronom – apparemment personnel – en fait par ce que l'on appelle un pronom de rappel).

Que ces démonstratifs soient adjectifs ou pronoms, ils se déclinent de la même façon.

Leçon

Le français précise le sens des démonstratifs par les adverbes de lieu : *ci* ou *là*, le latin a des mots différents pour indiquer ce qui est près, un peu plus loin ou encore plus loin de celui qui parle.

1) Les pronoms-adjectifs démonstratifs

SINGULIER			PLURIEL		
Masc.	Fém.	Neutre	Masc.	Fém.	Neutre
Hic	*Hæc*	*Hoc*	*Hi*	*Hæ*	*Hæc*
Hunc	*Hanc*	*Hoc*	*Hos*	*Has*	*Hæc*
Hujus	*Hujus*	*Hujus*	*Horum*	*Harum*	*Horum*
Huic	*Huic*	*Huic*	*His*	*His*	*His*
Hoc	*Hac*	*Hoc*	*His*	*His*	*His*

Remarque :

Notez la similitude des gén. et dat. sing. des trois genres et leurs désinences propres à la déclinaison des pronoms-adjectifs ; la similitude également des dat. et abl. pl. des trois genres.

Il existe deux autres pronoms-adjectifs démonstratifs : *iste*, *ista*, *istud* et *ille*, *illa*, *illud* dont la déclinaison, très proche de celle de *hic*, *hæc*, *hoc*, figure en annexe, p. 140.

Emploi du pronom-adjectif démonstratif

Il est lié à la fois à la personne, à l'espace et au temps :

– *Hic* désigne ce qui est le plus près de la personne qui parle (le locuteur).

Ex. : *Hoc tempus* : cette époque-ci/mon époque.

– *Iste* désigne un éloignement spatio-temporel relatif ; il peut avoir aussi un sens péjoratif.

Ex. : *Istud tempus* : cette époque/ton époque ; sens péjoratif : cette triste époque.

– *Ille* désigne un éloignement spatio-temporel vraiment plus important ; il peut avoir également un sens laudatif.

Ex. : *Illud tempus* : cette époque-là/son époque ; sens laudatif : cette belle époque.

2) Le pronom-adjectif : *is, ea, id*

Il reprend ce dont on a parlé précédemment et peut se traduire, selon le contexte, par un pronom-adjectif démonstratif ou un pronom dit de « rappel ».

Dans le texte cité ci-dessus :

– ***Is*** (désigne le vieil avare) *quoniam moritur* [...] *numquam indicare id filio voluit suo* : celui-ci, même sur le point de mourir [...], n'a pas voulu le révéler à son fils.

– ***Ejus*** : génitif singulier des trois genres ; à ce cas, il exprime **la possession « non réfléchie »** :

Ex. : J'ai rencontré mon ami au forum, je lui ai dit que je venais juste de parler à son père ; « son » se traduit par *ejus* = de celui-ci.

La déclinaison de *is, ea, id* figure en annexe, p. 140.

3) Les pronoms d'insistance

– ***Ipse, ipsa, ipsum*** : moi/toi/lui/elle/nous/vous/ils/elles... même(s), en personne.

Ex. : *Cæsar in ipso foro interfectus est* : César a été tué en plein forum.

Eo ***ipso*** *die,* ***ipse*** *consul venit* : Ce jour-là précisément, le consul en personne est venu.

– ***Idem, eadem, idem*** : indique l'identité, le même (le même que : *idem... ac/atque*)

Ex. : ***Eadem*** *celeritate consilia capit* ***atque*** *dux :* Il prend des décisions avec **la même** rapidité **que** le chef.

Remarque :

Idem, eadem, idem se décline exactement comme *is, ea, id*, l'élément *-dem* étant invariable. Quant à *ipse, ipsa, ipsum*, sa déclinaison figure en annexe, p. 141.

VOCABULAIRE

Amicitia, æ, f. : l'amitié
Audacia*, æ*, f. : **audace**
Audax*, acis* : **audacieux**
Cupiditas*, atis*, f. : **cupidité**

Cupio, is, ere, ivi, itum : désirer
***Dolor**, oris*, m. : la douleur > en**dolori**
***Dul**cis, e* : doux > **dulc**inée
Gaudium, ii, n. : la joie
Gratus, a, um : agréable
Invidia, æ, f. : l'envie, la jalousie
Jucundus, a, um : agréable
Lætitia, æ, f. : la joie, l'allégresse
***Odi**um, ii*, n. : la haine > **odi**eux
***Prob**us, a, um* : honnête > **probe**/-ité

CIVILISATION : LES CULTES DOMESTIQUES

Nous avons déjà eu l'occasion de le constater : la plupart des manifestations publiques des Romains débutent par des cérémonies sacrées dans le but de se concilier les dieux. Il en va de même pour leur vie privée. Les cultes domestiques sont nombreux et variés mais ne sont pratiqués que dans les familles patriciennes et reposent sur la croyance en l'immortalité de l'âme. On distingue :

Le culte du Premier Ancêtre

Il s'agit la plupart du temps d'un homme. On révère le fondateur de la *gens*.

Le culte du Foyer

Il est rendu dans le laraire (*lararium*), autel situé dans l'atrium, où brûle en permanence le feu sacré dans un foyer. Des petites statues de cire sont enfermées dans une sorte de niche : elles représentent le *Lar familiaris* (dieu du foyer) et les deux *pénates* (*pénates*, divinités des provisions). On leur offre des fleurs et même des sacrifices.

Le culte des Morts

La crainte des morts est ancestrale : on redoute leur susceptibilité, leurs rancunes. À la maison, on offre à ces mânes des fleurs et des provisions de bouche aux anniversaires de la naissance des êtres qu'ils représentent.

Le Génie

Chaque homme, de sa naissance à sa mort, est sous la protection d'un Génie. Les femmes n'en n'ont pas, c'est la déesse Junon qui le remplace.

C'est le *pater familias* qui est le ministre du culte domestique. Il transmet ce rôle à son fils qui l'assumera à la mort de son père. En l'absence d'héritier mâle, le père adopte un garçon pour perpétuer ce culte.

On le constate une fois de plus : les rapports entre les hommes et les dieux reposent avant tout sur la loi de l'échange. Les dieux, publics ou privés, ne sont bienveillants que si l'on s'occupe bien d'eux !

Entraînement

Version

Eadem templa vidi quæ videras.

Socrates (*Socrates, is,* m. : Socrate) *dixit se mortem ipsum non timere.*

Thème

Cette maison dans laquelle nous dînons est très belle.

Ce (beau) jeune homme devint (= fut) le gendre (*gener, eri,* m.) du roi.

Même ce jour-là, il n'est pas venu lui-même !

XIX

« Errare humanum est[1]. »

Infectum actif et passif du subjonctif **Perfectum actif et passif du subjonctif**

TEXTE D'ÉTUDE

Architecture des thermes, extrait de *De architectura*, Vitruve

Caldaria tepidariaque lumen ***habeant*** *ab occidente [...]; si autem natura loci impedierit, utique a meridie, quod maxime tempus lavandi a meridiano ad vesperum est constitutum.*

Et item est animadvertendum uti caldaria muliebria et virilia ***conjuncta sint*** *[...]; sic enim efficietur ut [...] hypocausis communis* ***sit*** *eorum utrisque.*

TRADUCTION

« Que le caldarium et le tepidarium **aient** la lumière (venant) de l'ouest [...] ; mais si la nature du lieu l'empêche, qu'ils la reçoivent au moins du midi puisque le temps du bain a lieu surtout de midi jusqu'au soir.

Il faut également prendre garde que le bain chaud des hommes et celui des femmes **soient contigus** [...] ; on fera en

1. « L'erreur est humaine. »

sorte, de cette manière, que [...] l'hypocauste* **soit** commun à l'un et à l'autre. »

* Hypocauste : système perfectionné de conduites et de canalisations permettant d'obtenir, dans les thermes, l'eau et l'air à la température voulue.

Observations

À l'exception des désinences connues -nt et -t, des formes verbales en gras, les voyelles -a et -i qui les précèdent n'appartiennent pas au radical ; elles servent à former le subjonctif. ***Habeant*** est en effet le subjonctif présent de *habeo, es, ere, habui, itum* : avoir ; ***conjuncta sint***, le subjonctif parfait passif de *conjungo, is, ere, junxi, junctum* : réunir et ***sit***, le subjonctif présent de *sum, es, esse*.

Leçon

1) L'infectum actif et passif du subjonctif

a) Actif :

Subjonctif présent

Radical du présent + e (1re conjugaison)/**a** (autres conjugaisons) + **désinences actives : m/s/t/mus/tis/nt**

Ex. : *am-***e***-m* : que j'aime ; *dele-***a***-m* : que je détruise ; *leg-***a***-m* : que je lise ; *capi-***a***-m* : que je prenne ; *audi-***a***-m* : que j'entende ; *fer-***a***-m* : que je porte.

Remarque :

Sum et ses composés ont la voyelle **-i** (***s-i-m*** **: que je sois**).

Subjonctif imparfait

Infinitif présent du verbe + désinences actives : m/s/t/mus/tis/nt

Ex. : *amare-***m** : que j'aimasse ; *delere-***m** : que je détrui**sisse** ; *esse-***m** : que je fusse.

b) Passif :

Subjonctif présent et imparfait :

Il suffit de remplacer les désinences actives par les désinences passives.

Ex. : *am-e-**r*** : que je sois aimé(e) ; *amare-**r*** : que je fusse aimé(e).

2) Le perfectum actif et passif

a) Actif :

Subjonctif parfait

Radical du parfait + suffixe -eri- + désinences actives

Ex. : *leg-eri-mus* : que nous ayons lu ; *fu-eri-tis* : que vous ayez été.

Remarque :

Seul le contexte peut différencier le subj. parfait du futur antérieur qui sont identiques, sauf à la 1re pers. du sing.

Subjonctif plus-que-parfait

Radical du parfait + suffixe -isse + désinences actives

Ex. : *amav-isse-mus* : que nous eussions aimé.

b) Passif :

Subjonctif parfait

Radical du supin + -us/a/um + *sim/sis/sit/simus/sitis/sint*

Ex. : *amatus, a, um sim* : que j'aie été aimé(e).

Subjonctif plus-que-parfait

Radical du supin + -us/-a/-um + essem/esses/esset/ essemus/essetis/essent

Ex. : *datus esset* : qu'il eût été donné.

Vocabulaire

arma, orum, n. pl.: les armes > **arm**ement, désa**rm**ement, dés**arm**er, **arm**oiries

bellum gero, is, ere, gessi, gestum + cum + abl.: faire la guerre à

bellum indico, is, ere, dixi, dictum : déclarer la guerre

castra moveo, es, ere, movi, motum : lever le camp, faire mouvement

castra pono, is, ere, posui, positum : établir un camp

pacem facio, is, ere, feci, factum + cum + abl. : faire la paix avec

pacem habeo, es, ere, habui, hábitum : être en paix avec

telum, i, n. : l'arme de jet, le javelot

Civilisation : *otium* et *negotium*

Ces deux mots définissent parfaitement les deux grands types d'activités exercées par les Romains, si l'on entend par loisir, non pas une inactivité stérile mais le fait de se consacrer à une occupation non rémunérée : politique, littéraire ou artistique, par exemple.

L'*otium*

À Rome, les **riches** qui disposent d'une fortune personnelle suffisante pour ne pas avoir à « gagner leur vie » **assument une charge politique : sénateurs, magistrats, propriétaires fonciers, fonctionnaires du fisc** ou bien encore **commerçants** en gros.

Souvent dotés d'une forte culture et bilingues (latin-grec), depuis la République, ils se consacrent aux **lettres** et aux **arts**.

Le *negotium*

L'expansion géographique et politique de Rome a bien évidemment entraîné une **activité commerciale** d'importation et d'exportation croissante qui a développé de très nombreux emplois exercés par la classe moyenne. Ces commerçants sont soit ambulants soit installés dans de petites échoppes où, à la fois producteurs et vendeurs, ils proposent : huile, vin, poissons, légumes ; des marchands de produits exotiques en tout genre les côtoient. On trouve aussi de nombreux artisans : parfumeurs, bijoutiers, tailleurs, foulons, cordonniers...

Autres activités

On classe sous ce vocable « multifonctions » les différentes tâches accomplies par :

Les **esclaves** ou les **condamnés de droit commun** : mines, roues qui actionnent les machines, services publics et urbains de la voirie.

Les **techniciens** ou **ouvriers spécialisés**, chargés de la construction des routes, des navires, des bâtiments publics ou privés : géomètres, architectes, maçons, menuisiers, charpentiers ; de leur décoration : peintres, sculpteurs ; de leur transport : muletiers, cochers, bateliers, manutentionnaires.

Les **immigrés** des provinces conquises : médecins, pédagogues, architectes, ingénieurs, artistes venus de Grèce ; portiers de Gaule, tous enrichissent de leur savoir-faire les techniques romaines.

ENTRAÎNEMENT

Chasser l'intrus :
facias – amas – habeas – deleas.

Mettre les verbes suivants qui sont à l'indicatif au temps correspondant au subjonctif et à la même personne :
geritur ; monent ; laudant ; deeratis ; interrogata erat ; cultæ sumus ; jusserunt ; visi estis ; vincebant ; dabantur.

XX

« Urbi et orbi[1]. »

Subjonctif dans les indépendantes et les principales

TEXTE D'ÉTUDE
Regrets superflus

Quotannis, œstatis initio, discipuli quidam maerent et propter ignaviam dolent, sed jam frustra : « ***Utinam*** *magistris admonentibus* ***paruissemus*** *et parentibus aures* ***praebuissemus ! Utinam*** *diligenter* ***studuissemus !*** *Nunc magistrorum quœstionibus respondere* ***possemus*** *neque* ***sileremus*** *stupefacti ! »* ***Quid*** *enim* ***agerent*** *isti discipuli ?*

TRADUCTION

« Tous les ans, au début de l'été, des élèves se lamentent et souffrent de leur paresse, mais désormais en vain : **"Si seulement nous avions obéi** aux remontrances de nos maîtres et **écouté** nos parents ! **Si seulement nous avions étudié** avec application ! Maintenant **nous pourrions** répondre aux questions de nos maîtres et **nous ne nous tairions pas**, interdits !" **Que pouvaient faire** en effet ces élèves paresseux ? »

1. « À la Ville et à l'univers. » Bénédiction papale donnée certains jours de fête à Rome et au monde entier. Signifie : « Partout, en tout lieu ».

Observations

Tous les **verbes** sont au **subjonctif**, à la 1re pers. du pl. de l'**imparfait** : ***possemus***, de *possum, potes, posse, potui* (pouvoir) ; ***sileremus***, de *sileo, es, ere, silui* (se taire) ; ou à la 3e pers. du pl. : ***agerent***, de *ago, is, ere, egi, actum* (faire) ou à la 1re pers. du pl. du subjonctif **plus-que-parfait** : ***paruissemus***, de *pareo, es, ere, parui, paritum* + dat. (obéir à) ; ***praebuissemus***, de *praebeo, es, ere, praebui, praebitum* (montrer, offrir) ; ***studuissemus***, de *studeo, es, ere, studui* + dat. (étudier, s'appliquer à). Ces derniers sont par ailleurs accompagnés d'un mot invariable, en tête de phrase : ***utinam***, qui se traduit par « ah !/ si seulement !/puissé-je !.... » pour exprimer un souhait ou un regret, selon le temps du verbe.

Leçon

1) Le subjonctif dans les indépendantes et les principales traduit :

L'ordre : à toutes les personnes qui n'ont pas l'impératif (1re et 3e).

Ex. : *Veniat !* Qu'il vienne !

La défense : précédé de *ne* aux 1re et 3e pers.

Ex. : *Ne audiamus !* N'écoutons pas !

Il peut aussi remplacer *noli/nolite* + inf. aux 2e pers. mais, dans ce cas, on emploie le subjonctif parfait.

Ex. : *Ne hoc audi(v)eris !* N'écoute pas cela !

Le souhait et le regret : précédé de ***utinam*** (souhait) et ***utinam ne*** (regret).

Ex. : *Utinam nunc felix sim !* Puissé-je être heureux(se) maintenant !

Remarque :

Si le verbe est au subjonctif imparfait, il exprime alors un regret sur la situation présente.

Ex. : *Utinam felix essem !* Ah ! si j'étais heureux(se) ! (maintenant, mais je ne le suis pas !)

Si le verbe est au subjonctif plus-que-parfait, il exprime un regret sur la situation passée.

Ex. : *Utinam felix fuissem !* Ah ! si j'avais été heureux(se) !

La délibération : dans une interrogative directe.

Ex. : *Quid faciam ?* Que faire ?

Ex. : *Quid facerem ?* Que pouvais-je faire ?

• Moyen mnémotechnique pour retenir ces différents emplois du subjonctif (or dessoudé) : « **O**rdre **D**éfense **S**ouhait **D**élibération. »

2) Le conditionnel français est traduit en latin par le subjonctif :

■ **Présent** : pour exprimer l'**éventualité** ou la **possibilité.**

Ex. : *Venire possis* : Tu pourrais venir.

■ **Plus-que-parfait** : pour exprimer une **éventualité** ou une **possibilité non réalisée dans le passé.**

Ex. : *Venire potuisses* : Tu aurais pu venir.

VOCABULAIRE

Quelques expressions du langage politique :

Agere cum populo/cum patribus/cum plebe : s'adresser au peuple / aux sénateurs « pères conscrits » / à la plèbe (peuple)

Bene merere de re publica : bien mériter de l'État (*mereo, es, ere, merui, meritum* : mériter)

Civitatem dare : donner le droit de cité, la citoyenneté

Legem ferre : proposer une loi

Legem perferre : faire passer une loi

Rem publicam gerere : exercer des fonctions publiques

Senatus populusque Romanus (S.P.Q.R.) : le sénat et le peuple romains

CIVILISATION : LE FORUM ROMAIN

Indissolublement lié à la vie de Rome et à son développement urbain, le Forum a marqué les principales étapes de son histoire. Il représente en effet tout à la fois le **centre des affaires, de la vie sociale, politique, culturelle et religieuse.**

Il s'étend sur environ 500 mètres entre le Palatin, le Capitole et l'Esquilin. À l'origine, c'était une plaine marécageuse totalement insalubre et donc source de nombreuses épidémies. Il fut assaini par la construction de canaux et d'égouts – dont le plus célèbre est la **cloaca maxima** – qui recueillaient les eaux usées pour les rejeter dans le Tibre.

Il est traversé par la **via Sacra** (voie Sacrée) le long de laquelle s'élèvent les monuments qui le caractérisent :

Les **temples**, qui rappellent la puissance divine, sont consacrés aux principales divinités mais aussi aux Romains illustres divinisés.

Les **basiliques** sont les lieux de réunions publiques et d'audiences judiciaires.

Le **Comitium** où le peuple se réunit pour élire les magistrats.

La **Curie**, où se tient le sénat.

On trouve également des **trophées** (dont les plus célèbres sont les **Rostres** des navires vaincus qui ornent la tribune du même nom d'où les orateurs haranguent la foule), des **arcs** et **colonnes** honorifiques, des **statues**, des **édicules** et des **fontaines.**

Mais s'ensuit, peu à peu, une lente décadence. Tout d'abord concurrencé par les nombreux forums impériaux, il va être entièrement dévasté par les invasions barbares pour sombrer dans l'oubli au Moyen Âge. Ce n'est qu'au XIXe siècle que l'intérêt grandissant pour les fouilles archéologiques va lui rendre son prestige.

Entraînement

Version

Utinam magister hodie abesset, domum redire et ludere possemus !

Ira removeatur !

Thème

Fasse le ciel que ma maison soit toujours emplie de véritables amis !

Que faire ? Où aller ?

Annexes

Tableaux récapitulatifs

LES VERBES

Infectum actif

1re conj.	2e conj.	3e conj.	3e mixte	4e conj.

Indicatif

Présent	amo amas amat amamus amatis amant	deleo deles delet delemus deletis delent	lego legis legit legimus legitis legunt	capio capis capit capimus capitis capiunt	audio audis audit audimus auditis audiunt
Imparfait	amabam amabas amabat amabamus amabatis amabant	delebam delebas delebat delebamus delebatis delebant	legebam legebas legebat legebamus legebatis legebant	capiebam capiebas capiebat capie- bamus capiebatis capiebant	audiebam audiebas audiebat audie- bamus audiebatis audiebant
Futur	amabo amabis amabit amabimus amabitis amabunt	delebo delebis delebit delebimus delebitis delebunt	legam leges leget legemus legetis legent	capiam capies capiet capiemus capietis capient	audiam audies audiet audiemus audietis audient

Subjonctif

Présent	amem ames amet amemus ametis ament	deleam deleas deleat deleamus deleatis deleant	legam legas legat legamus legatis legant	capiam capias capiat capiamus capiatis capiant	audiam audias audiat audiamus audiatis audiant

Imparfait	amarem amares amaret amaremus amaretis amarent	delerem deleres deleret deleremus deleretis delerent	legerem legeres legeret legeremus legeretis legerent	caperem caperes caperet caperemus caperetis caperent	audirem audires audiret audiremus audiretis audirent

Infinitif

Présent	amare	delere	legere	capere	audire
Futur	amaturum esse	deleturum esse	lecturum esse	capturum esse	auditurum esse

Participe

Présent	amans, amantis	delens, delentis	legens, legentis	capiens, capientis	audiens, audientis
Futur	amaturus, a, um	deleturus, a, um	lecturus, a, um	capturus, a, um	auditurus, a, um

Impératif

Présent	ama, amate	dele, delete	lege, legite	cape, capite	audi, audite

Perfectum actif

Infinitif : amavisse

Indicatif			Subjonctif	
Parfait	**Plus-que-parfait**	**Futur antérieur**	**Parfait**	**Plus-que-parfait**
amavi amavisti amavit amavimus amavistis amaverunt	amaveram amaveras amaverat amaveramus amaveratis amaverant	amavero amaveris amaverit amaverimus amaveritis amaverint	amaverim amaveris amaverit amaverimus amaveritis amaverint	amavissem amavisses amavisset amavissemus amavissetis amavissent

Infectum passif

Indicatif

	1re conj.	2e conj.	3e conj.	3e mixte	4e conj.
Présent	amor ama**ris** ama**tur** ama**mur** ama**mini** ama**ntur**	deleor dele**ris** dele**tur** dele**mur** dele**mini** dele**ntur**	legor leg**eris** legi**tur** legi**mur** legi**mini** leg**untur**	capior cap**eris** capi**tur** capi**mur** capi**mini** capi**untur**	audior audi**ris** audi**tur** audi**mur** audi**mini** audi**untur**
Imparfait	ama**bar** ama**baris** ama**batur** ama**bamur** ama**bamini** ama**bantur**	dele**bar** dele**baris** dele**batur** dele**bamur** dele**bamini** dele**bantur**	lege**bar** lege**baris** lege**batur** lege**bamur** lege**bamini** lege**bantur**	capie**bar** capie**baris** capie**batur** capie**bamur** capie**bamini** capie**bantur**	audie**bar** audie**baris** audie**batur** audie**bamur** audie**bamini** audie**bantur**
Futur	ama**bor** ama**beris** ama**bitur** ama**bimur** ama**bimini** ama**buntur**	dele**bor** dele**beris** dele**bitur** dele**bimur** dele**bimini** dele**buntur**	leg**ar** leg**eris** leg**etur** leg**emur** leg**emini** leg**entur**	capi**ar** capi**eris** capi**etur** capi**emur** capi**emini** capi**entur**	audi**ar** audi**eris** audi**etur** audi**emur** audi**emini** audi**entur**

Subjonctif

Présent	am**er** am**eris** am**etur** am**emur** am**emini** am**entur**	dele**ar** dele**aris** dele**atur** dele**amur** dele**amini** dele**antur**	leg**ar** leg**aris** leg**atur** leg**amur** leg**amini** leg**antur**	capi**ar** capi**aris** capi**atur** capi**amur** capi**amini** capi**antur**	audi**ar** audi**aris** audi**atur** audi**amur** audi**amini** audi**antur**
Imparfait	ama**rer** ama**reris** ama**retur** ama**remur** ama**remini** ama**rentur**	dele**rer** dele**reris** dele**retur** dele**remur** dele**remini** dele**rentur**	lege**rer** lege**reris** lege**retur** lege**remur** lege**remini** lege**rentur**	cape**rer** cape**reris** cape**retur** cape**remur** cape**remini** cape**rentur**	audi**rer** audi**reris** audi**retur** audi**remur** audi**remini** audi**rentur**

Infinitif

Présent	amari	deleri	legi	capi	audiri

Perfectum passif

Infinitif : amatum, am, um esse

Indicatif			Subjonctif	
Parfait	**Plus-que-parfait**	**Futur antérieur**	**Parfait**	**Plus-que-parfait**
amatus, a, um... sum es est amati, ae, a... sumus estis sunt	amatus, a, um... eram eras erat amati, ae, a... eramus eratis erant	amatus, a, um... ero eris erit amati, ae, a... erimus eritis erunt	amatus, a, um... sim sis sit amati, ae, a... simus sitis sint	amatus, a, um... essem esses esset amati, ae, a... essemus essetis essent

Sum

Infectum			Perfectum		
	Indicatif	*Subjonctif*		*Indicatif*	*Subjonctif*
Présent	sum es est sumus estis sunt	sim sis sit simus sitis sint	Parfait	fui fuisti fuit fuimus fuistis fuerunt	fuerim fueris fuerit fuerimus fueritis fuerint
Imparfait	eram eras erat eramus eratis erant	essem esses esset essemus essetis essent	Plus-que-parfait	fueram fueras fuerat fueramus fueratis fuerant	fuissem fuisses fuisset fuissemus fuissetis fuissent
Futur	ero eris erit erimus eritis erunt	*Infinitif présent* esse	Futur antérieur	fuero fueris fuerit fuerimus fueritis fuerint	*Infinitif parfait* fuisse

Possum

	Indicatif	Subjonctif	Infinitif
Présent	possum potes potest possumus potestis possunt	possim possis possit possimus possitis possint	Posse
Imparfait	poteram poteras ...	possem posses ...	
Futur	potero poteris ...		

Eo

	Indicatif	Subjonctif	Impératif	Infinitif	Participe
Présent	eo is it imus itis eunt	eam eas eat eamus eatis eant	 i **ite**	**Ire**	**iens, euntis**
Imparfait	ibam ibas ...	irem ires ...			
Futur	ibo ibis ...			**iturum, am, um** esse	**iturus, a, um**

Volo, nolo

	Indicatif		Subjonctif		Impératif		Infinitif	
Pré- sent	volo **vis** **vult** **volumus** **vultis** volunt	nolo **non vis** **non vult** **nolumus** **non vultis** nolunt	velim velis velit velimus velitis velint	nolim nolis nolit nolimus nolitis nolint	Volo *n'a pas d'impé- ratif*	noli nolite	**velle**	**nolle**

	Indicatif		**Subjonctif**		**Impératif**	**Infinitif**
Imparfait	volebam	nolebam	vel**lem** vel**les** ...	nol**lem** nol**les** ...		
Futur	volam voles ...	nolam noles ...				

Fero

	Indicatif		**Subjonctif**		**Impératif**	**Infinitif**	**Participe**
	Actif	**Passif**	**Actif**	**Passif**			
Présent	fero **fers** **fert** ferimus fertis ferunt	feror **ferris** **fertur** ferimur ferimini feruntur	feram feras ferat feramus feratis ferant	ferar feraris feratur feramur feramini ferantur	fer ferte	Actif **ferre** Passif **ferri**	fere**ns,** **ntis**
Imparfait	ferebam ferebas ...	ferebar ferebaris ...	fer**rem** fer**res** ...	fer**rer** fer**reris** ...			
Futur	feram feres ...	ferar fereris ...				lat**urum** esse	lat**urus,** **a, um**

Les déclinaisons

LES NOMS

Première déclinaison GÉN. SING. –ae

	SING.	PL.
NV	ros-a	ros-ae
A	ros-am	ros-as
G	ros-ae	ros-arum
D	ros-ae	ros-is
Ab	ros-a	ros-is

Deuxième déclinaison GÉN. SING. –i

	Masculin/féminin		**Neutre**	
	SING.	**PL.**	**SING.**	**PL.**
N	domin-us	domin-i	templ-um	templ-a
V	domin-e	domin-i	templ-um	templ-a
A	domin-um	domin-os	templ-um	templ-a
G	domin-i	domin-orum	templ-i	templ-orum
D	domin-o	domin-is	templ-o	templ-is
Ab	domin-o	domin-is	templ-o	templ-is

	Nom. en –ER			
	SING.	**PL.**	**SING.**	**PL.**
NV	puer	puer-i	ager	agr-i
A	puer-um	puer-os	agr-um	agr-os
G	puer-i	puer-orum	agr-i	agr-orum
D	puer-o	puer-is	agr-o	agr-is
Ab	puer-o	puer-is	agr-o	agr-is

Troisième déclinaison GÉN. SING. –is

- imparisyllabiques GÉN. PL. **-um**

	Masculin/féminin		Neutre	
	SING.	**PL.**	**SING.**	**PL.**
NV	consul	consul-es	flumen	flumin-a
A	consul-em	consul-es	flumen	flumin-a
G	consul-is	consul-**um**	flumin-is	flumin-**um**
D	consul-i	consul-ibus	flumin-i	flumin-ibus
Ab	consul-**e**	consul-ibus	flumin-**e**	flumin-ibus

- parisyllabiques GÉN. PL. **-ium**

	Masculin/féminin		Neutre	
	SING.	**PL.**	**SING.**	**PL.**
NV	civ-is	civ-es	mar-e	mar-ia
A	civ-em	civ-es	mar-e	mar-ia
G	civ-is	civ-**ium**	mar-is	mar-**ium**
D	civ-i	civ-ibus	mar-i	mar-ibus
Ab	civ-**e**	civ-ibus	mar-**i**	mar-ibus

- faux imparisyllabiques GÉN. PL. **–ium**

	SING.	PL.
NV	urb-s	urb-es
A	urb-em	urb-es
G	urb-is	urb-**ium**
D	urb-i	urb-ibus
Ab	urb-**e**	urb-ibus

Quatrième déclinaison GÉN. SING. -us

	Masculin/féminin		Neutre	
	SING.	**PL.**	**SING.**	**PL.**
NV	man-us	man-us	corn-u	corn-ua
A	man-um	man-us	corn-u	corn-ua
G	man-us	man-uum	corn-us	corn-uum
D	man-ui	man-ibus	corn-ui	corn-ibus
Ab	man-u	man-ibus	corn-u	corn-ibus

domus

	SING.	PL.	
NV	dom-us	dom-us	
A	dom-um	dom-us	dom-os
G	dom-us	dom-uum	dom-orum
D	dom-ui	dom-ibus	
Ab	dom-o	dom-ibus	
loc.	dom-i		

Cinquième déclinaison GÉN. SING. –ei

	SING.	PL.
NV	r-es	r-es
A	r-em	r-es
G	r-ei	r-erum
D	r-ei	r-ebus
Ab	r-e	r-ebus

	SING.	PL.
NV	di-es	di-es
A	di-em	di-es
G	di-ei	di-erum
D	di-ei	di-ebus
Ab	di-e	di-ebus

LES ADJECTIFS

	SING.			PL.		
	M	F	N	M	F	N
N	bon-us	bon-a	bon-um	bon-i	bon-ae	bon-a
V	bon-e	bon-a	bon-um	bon-i	bon-ae	bon-a
A	bon-um	bon-am	bon-um	bon-os	bon-as	bon-a
G	bon-i	bon-ae	bon-i	bon-orum	bon-arum	bon-orum
D	bon-o	bon-ae	bon-o	bon-is	bon-is	bon-is
Ab	bon-o	bon-a	bon-o	bon-is	bon-is	bon-is

	SING.			PL.		
	M	F	N	M	F	N
N/V	miser	miser-a	miser-um	miser-i	miser-ae	miser-a
A	miser-um	miser-am	miser-um	miser-os	miser-as	miser-a
G	miser-i	miser-ae	miser-i	miser-orum	miser-arum	miser-orum
D	miser-o	miser-ae	miser-o	miser-is	miser-is	miser-is
Ab	miser-o	miser-a	miser-o	miser-is	miser-is	miser-is

	SING.			PL.		
	M	F	N	M	F	N
N/V	pulcher	pulchr-a	pulchr-um	pulchr-i	pulchr-ae	pulchr-a
A	pulchr-um	pulchr-am	pulchr-um	pulchr-os	pulchr-as	pulchr-a
G	pulchr-i	pulchr-ae	pulchr-i	pulchr-orum	pulchr-arum	pulchr-orum
D	pulchr-o	pulchr-ae	pulchr-o	pulchr-is	pulchr-is	pulchr-is
Ab	pulchr-o	pulchr-a	pulchr-o	pulchr-is	pulchr-is	pulchr-is

Deuxième classe

-type *omnis*

	SING.		PL.	
	M/F	N	M/F	N
N/V	omn-is	omn-e	omn-es	omn-ia
A	omn-em	omn-e	omn-es	omn-ia
G	omn-is		omn-ium	
D	omn-i		omn-ibus	
Ab	omn-i		omn-ibus	

	SING.		PL.	
	M/F	N	M/F	N
N/V	ingens	ingens	ingent-es	ingent-ia
A	ingent-em	ingens	ingent-es	ingent-ia
G	ingent-is		ingent-ium	
D	ingent-i		ingent-ibus	
Ab	ingent-i/e	ingent-i	ingent-ibus	

	SING.		PL.	
	M/F	N	M/F	N
N/V	vetus	vetus	veter-es	veter-a
A	veter-em	vetus	veter-es	veter-a
G	veter-is	veter-is	veter-um	veter-um
D	veter-i	veter-i	veter-ibus	veter-ibus
Ab	veter-e	veter-e	veter-ibus	veter-ibus

LES NUMÉRAUX

	M	F	N	M	F	N	M/F	N
N	unus	una	unum	duo	duae	duo	tres	tria
A	unum	unam	unum	duos (duo)	duas	duo	tres	tria
G	unius	unius	unius	duorum	duarum	duorum	trium	
D	uni	uni	uni	duobus	duabus	duobus	tribus	
Ab	uno	una	uno	duobus	duabus	duobus	tribus	

LES PRONOMS

Pronoms personnels

	1re pers.sing.	2e pers.sing.	1re pers.pl.	2e pers.pl.
N	ego	tu	nos	vos
A	me	te	nos	vos
G	mei	tui	nostrum	vestrum
D	mihi	tibi	nobis	vobis
Ab	me	te	nobis	vobis

	RÉFLÉCHI
A	se
G	sui
D	sibi
Ab	se

Pronom relatif

	SINGULIER			PLURIEL		
	M	F	N	M	F	N
N	qui	quae	quod	qui	quae	Quae
A	quem	quam	quod	quos	quas	quae
G	cujus	cujus	cujus	quorum	quarum	quorum
D	cui	cui	cui	quibus	quibus	quibus
Ab	quo	qua	quo	quibus	quibus	quibus

LES PRONOMS ADJECTIFS

Pronom-adjectif interrogatif

	SINGULIER			PLURIEL		
	M	F	N	M	F	N
N	quis qui (adj.)	quae	quid quod (adj.)	qui	quae	quae
A	quem	quam	quid/quod	quos	quas	quae
G	cujus	cujus	cujus	quorum	quarum	quorum
D	cui	cui	cui	quibus	quibus	quibus
Ab	quo	qua	quo	quibus	quibus	quibus

Pronom-adjectif de rappel : *is, ea, id*

	SINGULIER			PLURIEL		
	M	F	N	M	F	N
N	is	ea	id	ei (ii)	eae	Ea
A	eum	eam	id	eos	eas	ea
G	ejus	ejus	ejus	eorum	earum	eorum
D	ei	ei	ei	eis (iis)	eis (iis)	eis (iis)
Ab	eo	ea	eo	eis(iis)	eis (iis)	eis (iis)

Pronoms-adjectifs démonstratifs : *hic, iste, ille*

	SINGULIER			PLURIEL		
	M	F	N	M	F	N
N	hic	haec	hoc	hi	hae	haec
A	hunc	hanc	hoc	hos	has	haec
G	hujus	hujus	hujus	horum	harum	horum
D	huic	huic	huic	his	his	his
Ab	hoc	hac	hoc	his	his	his

	SINGULIER			PLURIEL		
	M	F	N	M	F	N
N	iste	ista	istud	isti	istae	ista
A	istum	istam	istud	istos	istas	ista
G	istius	istius	istius	istorum	istarum	istorum
D	isti	isti	isti	istis	istis	istis
Ab	isto	ista	isto	istis	istis	istis

	SINGULIER			PLURIEL		
	M	F	N	M	F	N
N	ille	illa	illud	illi	illae	illa
A	illum	illam	illud	illos	illas	illa
G	illius	illius	illius	illorum	illarum	illorum
D	illi	illi	illi	illis	illis	illis
Ab	illo	illa	illo	illis	illis	illis

Pronom-adjectif d'insistance : *ipse*

	SINGULIER			PLURIEL		
	M	F	N	M	F	N
N	ipse	ipsa	ipsum	ipsi	ipsae	ipsa
A	ipsum	ipsam	ipsum	ipsos	ipsos	ipsa
G	ipsius	ipsius	ipsius	ipsorum	ipsarum	ipsorum
D	ipsi	ipsi	ipsi	ipsis	ipsis	ipsis
Ab	ipso	ipsa	ipso	ipsis	ipsis	ipsis

Pronom-adjectif d'identité : *idem*

	SINGULIER			PLURIEL		
	M	F	N	M	F	N
N	idem	eadem	idem	eidem	eaedem	eadem
A	eumdem	eamdem	idem	eosdem	easdem	eadem
G	ejusdem	ejusdem	ejusdem	eorumdem	earumdem	eorumdem
D	eidem	eidem	eidem	eisdem	eisdem	eisdem
Ab	eodem	eadem	eodem	eisdem	eisdem	eisdem

Corrigés des exercices

Chapitre II

La fille de la maîtresse n'est pas une déesse.
Nous pouvons voir la statue de la déesse.
Je suis appelée Flavie.
Ancilla aras rosis ornat.
Tulliola in statua rosas spectat.

Chapitre III

L'élève répond bien au maître d'école.

Sur le forum se trouvent les temples des dieux/les temples des dieux sont sur le forum/il y a des temples de dieux sur le forum.

Bellum populos et platanos delet.
Pueri semper ludos amant.

Chapitre IV

Magistri bonos discipulos docere amant.
Præclari discipuli in ludo libenter laborant.

Les belles jeunes filles se promenaient sur le forum et regardaient les grandes statues des déesses.

Les servantes et les esclaves pleuraient à cause de leurs maîtres orgueilleux et méchants (*superbis malisque dominis* est complément circonstanciel de cause à l'abl. seul).

Chapitre V

Pour les peuples, les hommes doivent aimer non les guerres, mais la paix.

Regionis fines propinqui erant (attention! *fines* est masculin).

Romanarum legionum milites multas hostium urbes delebant.

Chapitre VI

Cum felicibus amicis ambulo.
Ingens templum videmus.
Difficilem vitam agimus.
Brevem sermonem habemus.

Chapitre VII

César et Pompée étaient/furent de très grands généraux romains.

Les soldats les plus courageux/les plus courageux des soldats avaient toujours des récompenses.

En fait, on peut ajouter ce suffixe « -issime » à peu près à n'importe quel mot pour lui donner un sens superlatif : grandissime, sublimissime, sérénissime...

Fortior/fortissimus miles.
Majus/maximum templum.
Meliores/optimi amici.
Levior/levissima vox.
Miserior/miserrima vita.

Chapitre VIII

Le maître d'école enseigne à trente élèves. Les élèves écoutent souvent, parfois ils rêvent ou bien bavardent. Le maître interroge et les élèves appliqués répondent. Mais Brutus est un élève paresseux, il n'a pas ses livres et récite mal. Alors le maître punit Brutus parce qu'il n'a pas travaillé avec application.

Chapitre IX

3e CONJ. NORMALE	3e CONJ. MIXTE	4e CONJ.
Peto, is, ere	*Cupio, is, ere*	*Reperio, is, ire*
	Fugio, is, ere	*Scio, is, ire*
	Incipio, is, ere	*Sentio, is, ire*
	Rapio, is, ere	

In ludo pueri non solum plurimas fabulas legebant et scribebant et multa discebant sed etiam libenter ludebant.

**multa* : adjectif substantivé à l'accusatif neutre pluriel : beaucoup de choses.

Chapitre X

La route à travers les Alpes sera la plus facile de toutes.

Mittentur ; videbor ; capietur ; audiemus ; erimus ; laborabitis ; habebunt ; aberunt.

Chapitre XI

Les intrus sont *dominus*, seul nom de la deuxième déclinaison, et *dies*, seul nom de la cinquième.

Padus Galliæ Cisalpinæ flumen est.

Ex Alpium radicibus per Italiam profluit et in Hadriaticum mare multis oribus influit.

J'aime vivre chez moi et à la campagne.

Les enfants revenaient de l'école en passant par les jardins (m. à m. : à travers les jardins).

Chapitre XII

Le pêcheur et les poissons

Un pêcheur stupide était venu au bord de la mer avec ses filets et sa flûte. Dans la mer se trouvait une paroi rocheuse. Le pêcheur était assis sur la paroi et soufflait dans une flûte pour appeler les poissons hors de l'eau ; mais ni les poissons ni aucun autre animal marin n'apparurent. Puis il posa sa flûte à l'écart et envoya ses filets dans la mer ; peu de temps après il captura de nombreux poissons et les jeta sur le rivage ; alors les poissons sautaient sur le sol : « Vous êtes des animaux stupides, dit le pêcheur : quand je jouais de la flûte, vous n'avez pas sauté : pourquoi sautez-vous maintenant ?» La stupidité des animaux a-t-elle été plus grande que celle du pêcheur ?

Chapitre XIII

Cum/ubi quattuor optimos amicos voco, statim veniunt.
Hieme, diem bis sextum ante Kal. Martias natus sum.
Un seul soldat a deux pieds.
Il y a dix temples sur le forum.
Le maître de maison commande à douze esclaves.

Chapitre XIV

Spectate Romæ pulchra templa !
Puellæ, nolite in viis nocte ambulare !
Serve, duc domini pueros in ludum !
Hæc domus cujus atrium pulcherrimum est quotidie multos hospites accipit.
Thermæ in quas cives Romani ibant maximis musivis ornabantur.
Ne courez pas trop vite !

Chapitre XV

Raptas : p.p.p., acc., fém., pl. ; motos : p.p.p., acc., masc., pl. ; *datis* : dat./abl., masc./fém./n. pl. ; ***posita*** : p.p.p. abl. fém. sing./nom./voc./ acc. n. pl. ; ***gestas*** : p.p.p., acc. fém. pl. ; ***visus*** : p.p.p., nom. masc. sing. ; ***ductos*** : p.p.p., acc. masc., pl. ; ***vocantes*** : p.p.a., nom./voc./acc., masc./fém. pl.

Cæsare duce, Romani Gallos vicerunt.
Alors que tous ses amis l'écoutent, l'orateur tient un discours au forum.

Chapitre XVI

Dicit hieme dies breviores esse.
Credebat Romulum decem annos regnavisse.
Tous les hommes veulent mener une vie heureuse.
On raconte/rapporte qu'Homère était aveugle.

Chapitre XVII

Quem vidisti?; Quæ verba dicta erant?; Qui discipulus est?; Cujus pueri estis?

Pourquoi n'êtes-vous pas venu(e)s à la maison hier?; Par quel chemin êtes-vous passé(e)s? Vous aviez été vaincus; Nous aurons été vues; Elles avaient été données; Nous avons été compris/nous fûmes compris; Vous avez été avertis/conseillés; Elles auront été prises.

Chapitre XVIII

J'ai vu les mêmes temples que (ceux que) tu avais vus.

Socrate a dit qu'il ne craignait même pas la mort (la mort elle-même).

Hæc domus in qua cenamus pulcherrima est.

Ille juvenis regis gener fuit.

Ipsa die, ipse non venit! (*dies* est fém. car il indique une « date »).

Chapitre XIX

L'intrus est « *amas* » car c'est le seul verbe à l'indicatif présent, les autres sont au subjonctif présent.

Geratur; moneant; laudent; deessetis; interrogata esset; cultae simus; jusserint; visi sitis; vincerent; darentur.

Chapitre XX

Si seulement le maître d'école était absent aujourd'hui, nous pourrions rentrer à la maison et jouer!

Que la colère soit écartée!/écartons la colère!

Utinam domus mea veris amicis impleatur!

Quid agam? Quo curram?

Lexique

Ab/a (+ abl.) : (à partir) de ; depuis ; (venant) de ; loin de ; par (compl. d'agent)
Ac/atque : et
Accipio, is, ere, accepi, acceptum : recevoir
Acies, ei, f. : la ligne de bataille
Ad (+ acc.) : vers, près de, chez ; jusqu'à ; pour ; environ
Adhuc : encore
Adjicio, is, ere, jeci, jectum : ajouter, mettre
Adventus, us, m. : l'arrivée
Adversus (+ acc.) : en face de, contre ; envers
Agnus, i, m. : l'agneau
Ago, is, ere, egi, actum : faire, agir, mener, conduire
Ala, æ, f. : l'aile de la maison ; le couloir
Aliquando : parfois
Ambulo, as, are, lavi, latum : se promener
Amicitia, æ, f. : l'amitié
Ancilla, æ, f. : la servante
Animal, animalis, n. : l'animal
Ante (+ acc.) : devant, avant
Aperte : ouvertement
Apud (+ acc.) : chez ; auprès de (*sans changement de lieu*) : dans *(l'œuvre de)*
Ara, æ, f. : l'autel
Arcus, us, m. : l'arc
Arma, orum, n. pl. : les armes
Ascendo, is, ere, ascendi, ascensum : monter

At : mais
Athleta, æ, m. : l'athlète
Atrium, i, n. : l'atrium (cour intérieure)
Audacia, æ, f. : l'audace
Audax, acis : audacieux
Aut : ou/ou bien
Autem (tjrs 2e position) : or, mais ; d'autre part

Bellum, i, n. : la guerre
Bellum gero, is, ere, gessi, gestum + cum + abl. : faire la guerre à
Bellum indico, is, ere, dixi, dictum : déclarer la guerre
Bene : bien (adverbe irrégulier)
Bonus, a, um : bon
Brevis, e : bref

Canis, is, m. : le chien
Caput, capitis, n. : la tête
Castra moveo, es, ere, movi, motum : lever le camp, faire mouvement
Castra pono, is, ere, posui, positum : établir un camp
Catilina, æ, m. : Catilina
Cedo, is, ere, cessi, cessum : s'avancer ; céder devant qqn (+ datif)
Circum (+ acc.) : autour de
Cogito, as, are, avi, atum : penser
Colo, is, ere, colui, cultum : honorer, cultiver
Concido, is, ere, concidi, concisum : couper
Consulo, is, ere, consului, consultum : veiller à
Coquo, is, ere, coxi, coctum : cuire
Cras : demain
Credo, is, ere, credidi, creditum : croire, faire confiance
Cubiculum, i, n. : la chambre
Culina, æ, f. : la cuisine
Cum (+ abl.) : avec ; contre
Cupiditas, atis, f. : la cupidité
Cupio, is, ere, cupivi, cupitum : désirer
Cur : pourquoi
Curo, as, are, avi, atum : prendre soin
Curro, is, ere, cucurri, cursum : courir

Currus, us, m. : le char
Cursus, us, m. : la course

De (+ abl.) : du haut de ; au sujet de, sur ; au cours de
Dea, æ, f. : la déesse
Debeo, es, ere, debui, debitum : devoir
Decerno, is, ere, decrevi, decretum : décider, décréter
Deinde : ensuite
Deleo, es, ere, delevi, deletum : détruire
Delphinus, i, m. : le dauphin
Deus, i, m. : le dieu
Dico, is, ere, dixi, dictum : dire
Difficilis, e : difficile
Discipulus, i, m. : l'élève, le disciple
Disco, is, ere, didici, discitum : apprendre
Diu : longtemps
Do, as, are, dedi, datum : donner
Doceo, es, ere, docui, doctum (+ 2 acc.) : enseigner qqch à qqn, instruire
Dolor, oris, m. : la douleur
Domina, æ, f. : la maîtresse de maison
Dulcis, e : doux
Dux, ducis, m. : le chef, le guide

Enim : en effet (2e position)
Equus, i, m. : le cheval
Erga (+ acc.) : à l'égard de
Etiam : même, aussi, encore
Etiamnunc : encore maintenant
Ex/e (+ abl.) : (sorti) de, (à partir) de ; depuis, d'après ; parmi ; par suite de
Exerceo, es, ere, exercui, exercitum : exercer
Exercitus, us, m. : l'armée

Fabula, æ, f. : la fable, la légende, l'histoire
Facies, ei, f. : le visage
Facilis, e : facile
Facio, is, ere, feci, factum : faire
Ferveo, es, ere, ferbui : bouillir

Ficus, i, f. : le figuier
Fides, ei, f. : la loyauté, la confiance
Filia, æ, f. : la fille
Filiola, æ, f. : la petite fille
Finis, finis, m. : la limite (au pluriel : la frontière), la fin
Foris : au-dehors
Forte : par hasard
Forum, i, n. : le forum, la place publique
Frater, fratris, m. : le frère
Fugio, is, ere, fugi, fugitum : fuir, s'enfuir

Gaudium, ii, n. : la joie
Gens, gentis, f. : la famille, la famille noble ; la nation
Genus, generis, n. : le genre, l'espèce
Gero, is, ere, gessi, gestum : porter, faire
Gratus, a, um : agréable
Gravis, e : lourd, grave, sérieux, pénible

Habeo, es, ere, habui, habitum : avoir, posséder
Haud : non, ne… pas
Heri : hier
Hodie : aujourd'hui
Homo, hominis, m. : l'homme (en général), l'être humain
Hortor, aris, ari, hortatus sum (déponent) : exhorter
Hostis, is, m. : l'ennemi
Huc : là (où l'on va)

Ibi : là (où l'on est)
Igitur : donc
Ignoro, as, are, avi, atum : ignorer
Imperator, oris, m. : le général en chef
Impero, as, are, avi, atum : commander
Impluvium, i, n. : le bassin (pour recueillir l'eau de pluie)
In (+ acc.) : dans, sur *(avec chgt de lieu)* ; en vue de, pour ; contre ; (+ abl.) : dans, sur *(avec chgt de lieu)*
Incipio, is, ere, incepi, inceptum : commencer
Inter (+ acc.) : entre, parmi
Invidia, æ, f. : l'envie, la jalousie
Ita : si/tellement

Itaque : c'est pourquoi
Iter, itineris, n. : la route, le chemin, le voyage

Jam : déjà, désormais, maintenant
Janua, æ, f. : la porte d'entrée
Jubeo, es, ere, jussi, jussum : ordonner que + sub. infinitive
Jucundus, a, um : agréable
Juvenis, is, m. : le jeune homme

Laboro, as, are, avi, atum : travailler
Lacrimo, as, are, avi, atum : pleurer
Lacus, us, m. : le lac
Lætitia, æ, f. : la joie, l'allégresse
Lætus, a, um : heureux, joyeux
Laurus, i, f. : le laurier
Legio, legionis, f. : la légion
Lego, is, ere, legi, lectum : lire
Leo, leonis, m. : le lion
Levis, e : léger
Ludo, is, ere, lusi, lusum : jouer
Ludus, i, m. : le jeu, l'école

Magister, tri, m. : le maître d'école
Magistratus, us, m. : le magistrat
Magnus, a, um : grand
Major : plus grand
Majores, majorum, m. pl. : les ancêtres
Male : mal
Malus, a, um : mauvais, méchant
Mater, matris, f. : la mère
Maximus, a, um : très grand, le plus grand
Melior, oris : meilleur
Metus, us, m. : la crainte
Miles, militis, m. : le soldat
Minimus, a, um : très petit, le plus petit
Mitto, is, ere, misi, missum : envoyer
Modo : seulement
Molestus, a, um : pénible
Moneo, es, ere, monui, monitum : conseiller, avertir

Monstro, as, are, avi, atum : montrer
Mors, mortis, f. : la mort
Moveo, es, ere, movi, motum : bouger, émouvoir
Mox : bientôt
Multi, æ, a : nombreux

Nam : en effet (en début de proposition)
Narro, as, are, avi, atum : raconter
Nauta, æ, m. : le marin
Ne quidem : ne pas même
Nec/neque : et ne pas
Nectar, nectaris, n. : le nectar
Neque/nec... neque/nec : ni... ni
Nimis : trop, excessivement
Nisi : si ce n'est, sinon
Nomen, nominis, n. : le nom
Non solum/tantum... sed etiam : non seulement... mais encore
Nondum : ne... pas encore
Numa, æ, m. : Numa
Numquam/nunquam : ne... jamais
Nunc : maintenant
Nuntio, as, are, avi, atum : annoncer

Ob (+ acc.) : devant, à cause de
Odium, ii, n. : la haine
Olim : un jour
Omnis, e : tout, chaque
Optime : très bien, le mieux
Optimus, a, um : très bon, le meilleur
Opto, as, are, avi, atum : souhaiter
Orno, as, are, avi, atum : orner
Oro, as, are, avi, atum : prier

Pacem facio (+ cum + abl.) : faire la paix avec qqn
Pacem habeo : être en paix
Pars, partis, f. : la partie
Parvus, a, um : petit
Pater, patris, m. : le père
Pax, pacis, f. : la paix

Pejor, oris : pire, plus mauvais
Per (+ acc.) : à travers ; pendant ; par l'intermédiaire de
Peristylum, i, n. : le péristyle
Peritus, a, um : habile, compétent
Pessime : très mauvais
Pessimus, a, um : le pire, le plus mauvais
Peto, is, ere, peti(v)i, petitum : demander, chercher à obtenir
Pirus, i, f. : le poirier
Platanus, i, f. : le platane
Plures, a : plus nombreux
Pœna, æ, f. : la peine, le châtiment
Poeta, æ, m. : le poète
Pono, is, ere, posui, positum : placer
Populus, i : f. : le peuplier ; m. : le peuple
Portus, us, m. : le port
Post (+ acc.) : derrière, après
Postremo : enfin
Præclarus, a, um : remarquable
Præmium, ii, n. : la récompense
Prandeo, es, ere, prandi, pransum : déjeuner
Precor, aris, ari, precatus sum (déponent) : prier
Princeps, principis, m. : le premier, le prince
Pro (+ abl.) : devant ; pour ; à la place de
Probus, a, um : honnête
Procedo, is, ere, processi, processum : s'avancer
Procul (+ abl.) : loin de, loin
Prope (+ acc.) : près de
Propinquus, a, um : voisin, proche
Propter (+ acc.) : près de ; à cause de
Puella, æ, f. : la jeune fille
Pugna, æ, f. : le combat, la bataille
Pulcher, chra, um : beau
Puto, as, are, avi, atum : penser

Quondam : un jour
Quoque : aussi
Quotidie : chaque jour

Rapio, is, ere, rapui, raptum : enlever
Regio, regionis, f. : la région
Rego, is, ere, rexi, rectum : diriger
Reperio, is, ire, repperi, repertum : trouver
Respondeo, es, ere, respondi, responsum : répondre
Rex, regis, m. : le roi
Rogo, as, are, avi, atum : demander

Sæpe : souvent
Satis : assez
Scio, is, ire, sci(v)i, scitum : savoir
Scriba, æ, m. : le scribe
Scribo, is, ere, scripsi, scriptum : écrire
Sed : mais
Senex, senis, m. : le vieillard
Sentio, is, ire, sensi, sensum : sentir que, se rendre compte que
Sequana, æ, m. : la Seine
Servo, as, are, servavi, servatum : observer, respecter
Servus, i, m. : l'esclave (f. : serva, æ)
Similis, e : semblable
Sine (+ abl.) : sans
Specto, as, are, spectavi, spectatum : regarder
Specus, us, m. : la caverne
Spes, ei, f. : l'espoir
Statua, æ, f. : la statue
statuo, is, ere, statui, statutum : décider
Sto, as, are, steti, statum : se tenir debout, se dresser
Suadeo, es, ere, suasi, suasum : persuader
Sub (+ abl.) : (en allant) sous, à cause de
Superbus, a, um : orgueilleux, tyrannique
Supra (+ acc.) : au-dessus de

Tablinum, i, n. : le bureau
Taceo, es, ere, tacui, tacitum : se taire
Talis, e : tel
Tamen : cependant, toutefois
Tego, is, ere, tetigi, tectum : couvrir, protéger
Telum, i, n. : l'arme de jet, le javelot

Tempus, temporis, n. : le temps
Teneo, es, ere, tenui, tentum : tenir
Trado, is, ere, tradidi, traditum : transmettre (tradunt : on rapporte que)
Traho, is, ere, traxi, tractum : tirer
Transeo, is, ire, ii, transitum : traverser
Triclinium, i, n. : la salle à manger
Tristis, e : triste
Tum/tunc : alors

Urbs, urbis, f. : la ville

Veho, is, ere, vexi, vectum : porter
Vel : ou bien
Venio, is, ire, veni, ventum : venir
Video, es, ere, vidi, visum : voir
Vinco, is, ere, vici, victum : vaincre
Vivo, is, ere, vixi, victum : vivre
Vix : à peine, avec peine
Volo, vis, velle, volui : vouloir (verbe irrégulier ; se construit avec une sub. infinitive)
Vox, vocis, f. : la voix

Bibliographie

On pourra consulter avec intérêt, pour une connaissance approfondie de **la civilisation** :

Dictionnaire de la civilisation romaine, J.-Cl. Fredouille (Paris, Larousse, 1968).

La Civilisation romaine, P. Grimal (Paris, Arthaud, coll. « Les grandes civilisations », 1960).

Le Guide romain antique, Paris, Hachette, 1952.

Si la **mythologie** vous passionne, lisez :

Dictionnaire de la mythologie grecque et romaine, P. Grimal (Paris, P.U.F., 1979).

Dictionnaire illustré de la mythologie grecque et romaine, P. Lavedan (Paris, Hachette, réédition depuis 1952).

Dieux et héros de la mythologie grecque, G. Van Heems (Paris, Librio, coll. « *Repères* », 2003).

Achevé d'imprimer en Italie par Grafica Veneta
en avril 2016
Dépôt légal avril 2013
EAN 9782290030141
OTP L21ELLN000380C003

Ce texte est composé en Lemonde journal et en Akkurat
–
Conception des principes de mise en page :
mecano, Laurent Batard
—
Composition : PCA
—
ÉDITIONS J'AI LU
87, quai Panhard-et-Levassor, 75013 Paris
Diffusion France et étranger : Flammarion

Librio
713